VINÍCIUS GUARNIERI E GEORGE PATRÃO

ALQUIMIA
pessoal

COMO VENCER A AUTOSSABOTAGEM E ATINGIR A PROSPERIDADE TOTAL

2ª E

Copyright © 2014 by Vinícius Guarnieri e George Patrão
1ª Edição 2013
2ª Edição 2014

Presidente: *Reinaldo Domingos*
Direção editorial: *Simone Paulino*
Editoras-assistente: *Maíra Viana e Renata de Sá*
Direção de arte: *Christine Baptista*
Ilustrações: *Luyse Costa*
Revisão: *Assertiva Produções Editoriais* e *Lucas Puntel Carrasco*

Todos os direitos desta edição são reservados à
Editora DSOP.
Av. Paulista, 726 | Conj. 1210 | Bela Vista
CEP 01310-910 | São Paulo | SP
Tel.: 11 3177-7800
www.editoradsop.com.br

```
Dados Internacionais de Catalogação na Publicação (CIP)
         (Câmara Brasileira do Livro, SP, Brasil)

         Guarnieri, Vinícius
            Alquimia pessoal : como vencer a autossabotagem
         e atingir a prosperidade total / Vinícius
         Guarnieri e George Patrão. -- São Paulo : DSOP
         Educação Financeira, 2013.

            ISBN 978-85-63680-58-7

            1. Alquimia 2. Atitude (Psicologia)
         3. Autoconhecimento 4. Autoconsciência
         5. Autorrealização 6. Desenvolvimento humano
         7. Espiritualidade 8. Felicidade 9. Mudanças de vida
         10. Prosperidade I. Patrão, George. II. Título.


12-15226                                       CDD-158.1
            Índices para catálogo sistemático:

         1. Prosperidade total : Crescimento pessoal :
              Psicologia aplicada    158.1
```

DEDICATÓRIA

Aos amigos que, nos distintos planos da Vida, nos inspiram e estimulam as melhores realizações.

SUMÁRIO

PREFÁCIO
POR CESAR ROMÃO   06

A QUEM NOS LÊ   08

INTRODUÇÃO
POR QUE NÃO VEJO AS FLORES QUE PLANTEI?   10

CAPÍTULO 1
A NATUREZA PRÓSPERA DE CADA UM DE NÓS   16

CAPÍTULO 2
UM CAMINHO PARA O FLORESCIMENTO   20

CAPÍTULO 3
QUE TIPO DE FLOR VOCÊ DESEJA
EM SEU JARDIM?   34

CAPÍTULO 4
ANTES DE PLANTAR, É PRECISO PREPARAR A
TERRA E RETIRAR O INDESEJÁVEL
46

CAPÍTULO 5
ADUBE E REGUE SEU JARDIM COM
FREQUÊNCIA, SE QUISER VER AS FLORES
58

CAPÍTULO 6
OBSERVE AS FOLHAS E CAULES PARA SABER SE
ESSA É A SUA FLOR OU SE É ERVA DANINHA
84

CAPÍTULO 7
É PRIMAVERA, O TEMPO DAS FLORES
96

CAPÍTULO 8
NÃO CORRA ATRÁS DAS BORBOLETAS.
CULTIVE SEU JARDIM
108

POSFÁCIO
POR SONIA NOVINSKY
124

A QUEM NOS LEU
128

PREFÁCIO

POR CESAR ROMÃO, ESCRITOR

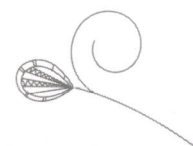

O tema alquimia pessoal acompanha o desenvolvimento humano há muito tempo. Em 1525, Paracelso fundou uma espécie de "escola de químicos", a Iatroquímicos ("Iatro", do grego "médico"), que tinha como objetivos descobrir uma maneira de tornar as pessoas imunes às doenças naturais e encontrar o elixir da longa vida pelos caminhos de um "elemento divino" – um caminho também trilhado por Tomás de Aquino, Nostradamus, Nicolas Flamel, Francis Bacon e outros, ao longo da história.

A proposta deste livro coloca para reflexão do leitor o que eu chamaria de "pedra filosofal íntima", descobertas interiores capazes de tornar realidade uma maneira de viver mais próxima aos anseios de nossas verdadeiras raízes espirituais, aplicando esse conhecimento no dia a dia da trajetória material à qual somos todos submetidos como meio de fazer florescer nossa consciência divina.

As pessoas precisam conviver com as intempéries do mundo para serem tocadas por *insights* de caminhos alternativos na busca por suas realizações, sua felicidade, sua saúde e a proximidade com o Grande Arquiteto do Universo. É na cheia do rio que sua margem fica ainda mais fértil.

Nesta obra, os autores não só relatam sua inspiração sobre o assunto, mas também sua experiência vivencial com ele, um fator primordial para um livro que se propõe a ensinar sobre um tema tão antigo, polêmico, profundo, misterioso e filosófico como a Alquimia.

O leitor, ao percorrer suas páginas, vai deparar-se consigo mesmo e com muitos comportamentos subliminares que talvez ainda estejam bloqueando a realização de mudanças em sua vida. É nesse ponto que está um dos grandes valores deste livro, e é neste momento que temos a oportunidade de refletir e colocar em prática atitudes que podem fazer uma diferença essencial em nossa existência.

Um livro especial, escrito por autores especiais.

A QUEM NOS LÊ

Este livro foi escrito por quatro mãos, dois estilos, inúmeras vozes. Tal meta exigiu muito de nós, acostumados que estamos a escrever solitariamente. Escrever em dois é difícil, creiam-nos!

Como consequência, nesta obra conviverão, alternados, trechos de estilos diferentes: um mais polido e poético; outro mais direto e simples. Porque somos assim.

Se, de nosso lado, isso nos exigiu mais trabalho, do leitor exigirá um tanto de flexibilidade e talvez paciência: a ciência da Paz.

Outro aspecto sobre o livro que nos parece importante ressaltar é que ele foi escrito por dois espiritualistas. Vinícius é espírita de família, formação e opção diária. George, ainda que não se declare religioso, tem formação que vai da católica à espírita, passando pela umbanda e, com mais curiosidade que conhecimento, pelo budismo. Ambos respeitamos totalmente qualquer opção religiosa, inclusive a de não ter religião e a de ser ateu.

Consequentemente, o texto reflete muito bem em que lado do muro os autores estão.

Sabemos que há um Divino superior a todos nós, tenha Ele o nome que Lhe queiram dar.

Acreditamos que a reencarnação é um processo de evolução espiritual, tenha a ciência já se desenvolvido, ou não, ao ponto de reconhecê-la como parte da realidade.

Cremos que há uma missão a ser cumprida por todos e cada um, e que talvez – talvez – o amor seja a grande lição a ser aprendida neste estágio de evolução.

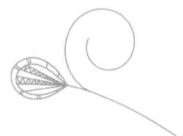

Sabemos também que nem tudo nos é possível compreender, mas reconhecemos que gradativamente os olhos da humanidade estão perdendo as cataratas e começam a ver e compreender mais e mais a beleza do Plano Divino.

Temos certeza de que a ciência é um recurso fundamental para o homem se desenvolver e de que ela pode ser uma importante referência para o entendimento e a fixação de muitos dos conhecimentos que serão apresentados.

Sabemos também que a inexistência de um estudo realizado dentro dos cânones da ciência oficial não pode ser motivo para se descaracterizar um conhecimento. Em outras palavras, sabemos que um besouro voa porque voa, mesmo que alguns cientistas não consigam provar que ele possa voar.

Sabemos, finalmente, que um ponto de vista é somente isso: a vista de um ponto.

Essas certezas e crenças ficarão explícitas no texto e no contexto, sendo compartilhadas com os leitores entre outras tantas certezas, crenças e dúvidas.

Aos que creem em algo diferente, pedimos que não vejam na opção de basear o texto nessa forma de encarar o universo qualquer desrespeito às suas convicções ou quaisquer outras formas de desconsideração ou julgamento.

Para finalizar, temos um pedido: não acredite em nada do que você ler só porque está escrito. Pense, reflita, pesquise, experimente, conclua por conta própria. Essa é a melhor forma de construir uma nova realidade a partir de já.

INTRODUÇÃO

POR QUE NÃO VEJO AS FLORES QUE PLANTEI?

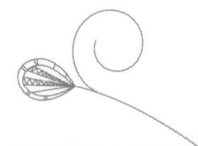

Este livro é sobre possibilidades, especialmente sobre a possibilidade que cada um de nós tem de mudar a própria vida. Aliás, o título *Alquimia Pessoal* remete exatamente a isso. A alquimia, mãe da química e da física, considerava a possibilidade da transformação dos elementos e buscava a suprema fórmula: como transformar chumbo em ouro. Buscava-se a "pedra filosofal", o "toque de Midas".

Há autores que alegam que alguns alquimistas conseguiram o feito, mas que o segredo se perdeu nos tempos.

Outros ensinam que os alquimistas acreditavam ser possível essa transmutação porque estavam iludidos por outras reações químicas mais simples que já dominavam. O pensamento seria mais ou menos assim: "Se misturando algumas determinadas substâncias a um líquido incolor provocamos sua transformação em cristais de forte coloração azul, por que não podemos descobrir como fazer outras transformações mais lucrativas?".

No entanto, há estudiosos da Idade Média que apontam outra direção: a busca pela "pedra filosofal" seria uma grande metáfora para aquilo que deveríamos conquistar em nossa aventura na Terra: a transcendência, o tornar-se Um com o Universo, o assumir a grandeza a que somos destinados. Um caminho que, embora aberto a toda a humanidade, só pode ser cruzado na solidão do indivíduo. O crescimento que se faz necessário, seja espiritual, emocional, mental ou material, só pode ser atingido por meio da experiência pessoal.

E é sobre esse crescimento pessoal que falaremos.

Prosperidade total é muito mais que o acesso a bens materiais. Certamente os inclui, claro, mas nos remetemos a uma discussão muito maior: o que faz você feliz?

Prosperidade não é sinônimo de riqueza. Prosperidade aponta para uma direção de crescimento e evolução. Seus sinônimos são ventura e felicidade; seu antônimo, decadência. Há pessoas com muito dinheiro, mas decadentes. Há os que ainda não têm o suficiente, mas tendem a obter mais; são prósperos, portanto. E há os ricos, felizes e prósperos. Prosperidade tem mais a ver com a direção em que aponta a seta da vida do que propriamente com o quanto você tem.

Ainda que a discussão não seja nova, pretendemos retomá-la com ideias e propostas novas. A maioria das pessoas foi educada para aceitar as coisas como elas lhes foram dadas. E tudo se mantém como sempre. Mesmo o crescimento e o desenvolvimento pessoal, tão falados e propagandeados em nossa sociedade, só são bem aceitos se seguirem as regras e a lógica instituídas há milênios. Ousar ir além é uma transgressão quase inaceitável.

No entanto, dentro de todos nós – todos, sem exceção – há um profundo desejo de evolução em favor do nosso próprio desenvolvimento, para sair do estado em que estamos, em direção a algo superior, melhor, de mais qualidade e beleza, abundância e bem-estar. Esse desejo sonha em nossas almas desde sempre. É da natureza humana essa pulsão que nos inspira ao movimento de melhorar na saúde, na paz interior, na espiritualidade, nas finanças, nos relacionamentos, na profissão e em qualquer outro aspecto da vida, geração após geração, mesmo que nem sempre consigamos perceber ou entender essa evolução.

Bem verdade é, também, que há outra pulsão em polaridade inversa, que nos induz à estagnação ou, minimamente, a resistir à evolução. Filho de memórias e lembranças ancestrais que se repetem, esse "impulso para trás" está sempre presente nos processos de autossabotagem que levam muitos de nós a patinar nos campos amoroso, profissional ou da saúde.

O embate entre essas duas pulsões nos leva a conflitos entre tendências internas que se manifestam em todos nós durante a maior parte de nossa vida, e do resultado desse embate depende o sucesso de nossa missão maior.

É em busca de ajuda para entender esse conflito entre mudar e estagnar que muitos procuram terapeutas, *coaches*, profissionais da saúde, livros, cursos, vivências, viagens de autoconhecimento, CDs e DVDs que possam indicar caminhos para essa mudança pretendida.

Ainda que possa haver algum material pobre ou superficial, há métodos e técnicas trazidos por excelentes autores, como Gregg Braden, Louise Hay, Luis Gasparetto, Catherine Ponder, Abraham e Esther Hicks, Napoleon Hill, Ihaleakala Hew Len, Joe Vitale, Anthony Robbins e tantos outros que constantemente estão resgatando e atualizando um conhecimento que sabemos ser antiquíssimo: o poder que o pensamento humano, aliado à inspiração divina, tem para transformar a realidade. Esse conhecimento, que por muito tempo foi classificado como crendice, tem hoje respaldo de uma ciência renovada pelos novos ventos trazidos pela física quântica.

Cientistas reconhecidos e respeitados, como os doutores Larry Dossey, Amit Goswami, Fritjof Capra e Francisco Di Biase, têm investido considerável tempo traduzindo para leigos as mais atuais conclusões que os laboratórios de pesquisa têm produzido – e que têm a ver com nossa vida pessoal e social e com a vida no planeta.

Entretanto, somos obrigados a reconhecer um fato: mesmo que tenhamos grande disciplina na prática das técnicas que aprendemos e que nos parecem fazer completo sentido, nem sempre obtemos resultados. Ou melhor, nem sempre os resultados alcançados são sólidos ou se apresentam da forma como gostaríamos.

Inevitavelmente, nascem doloridas perguntas: Por quê? Por que nem sempre funciona? O que fiz de errado? Não será essa técnica apenas uma ideia aparentemente boa, mas mal elaborada? Será boa realmente ou apenas ilusão?

O sentimento que temos é de como se tivéssemos certeza absoluta de ter plantado e regado cuidadosamente um jardim e nunca conseguíssemos ver as flores.

Temos buscado resposta para esse questionamento. Mesmo sabendo que nenhum remédio tem a mesma eficácia para todos os doentes, acreditamos que, se pelo menos pudermos compreender "por que" e "para que", aprenderemos mais e criaremos mecanismos que melhorem tais resultados.

Buscávamos algo que não fosse apenas oferecer "mais do mesmo, mas agora com nova embalagem". Ao contrário, o método apresentado nas páginas que se seguem inova ao provocar sinergia poderosa entre muitos conhecimentos já disponíveis que, praticados isoladamente, já se mostravam eficientes. Com essa sinergia, temos a convicção de que a realização da prosperidade total que desejamos estará muito mais acessível a cada um de nós. Nossa intenção com este livro é divulgar algumas das respostas que encontramos.

CAPÍTULO 1

A NATUREZA PRÓSPERA DE CADA UM DE NÓS

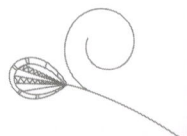

Uma coisa é acreditar que algo existe e funciona. Outra é saber que esse algo realmente existe e funciona. Nós não cremos ter um coração a bater no peito, sabemos que temos um coração, mesmo jamais o tendo visto "de frente". Da mesma forma, não cremos na espiritualidade, temos certeza de que o universo é mais que o visível, mais que o palpável, mais que o controlável, mais que o cognoscível. Como o coração, sentimos e sabemos de sua existência. Saber da espiritualidade é saber ainda mais: que não estamos aqui nem por capricho, nem por acaso. Há algo a cumprir, a aprender, a consolidar em nossa evolução: uma missão.

E é bem provável que a crença na existência de uma missão a cumprir seja apenas isso: uma crença, uma forma pela qual nossa capacidade limitadíssima nos permite entender o divino, como um ingênuo garrancho infantil que quer representar o sol, limitado pela pura impossibilidade de a criança ir além em sua arte. É bonito, tocante, gracioso e pode ser o sol para ela, mas o sol é mais.

De qualquer forma, saber da espiritualidade vai além. Sabemos também que não estamos à mercê ou sozinhos. Sabemos que todo ser humano traz de nascença uma proteção, por mais que, muitas vezes, não a consiga reconhecer, e que essa proteção – um fluxo de amor incondicional – tem a ver com o simples fato de termos sido concebidos.

Uma imagem que bem representa esse fluxo de amor que cura é a de um "vento divino" que, gentil e constantemente, nos empurra na direção do melhor. Sem imposição, mas com delicadeza, esse vento nos leva de bom grado na direção certa, aquela que tem a ver com nossa missão, sempre que assim permitirmos e posicionarmos adequadamente as velas do barco de nosso destino. É uma imagem de que gostamos porque traz sentido à nossa vida e, portanto, esperança.

Abraham[1] o chama de Fluxo de Bem-Estar. Nós preferimos chamá-lo de Fluxo Venturoso, pois é isso o que traz para todos: ventura, proteção, intuição, orientação... Prosperidade, enfim.

---

[1] No livro *Peça e será atendido*, canalizado por Esther Hicks.

Aqueles entre nós que aceitam esse fluxo e permitem que ele os abrace, proteja e conduza percebem que tudo segue mais fácil. Por natureza, deveríamos sempre aceitar a influência desse fluxo em nossa vida. Não que ele deixe de atuar em alguém que não o reconheça ou aceite. Ao contrário, ele é universal. No entanto, é importante reconhecer que o simples fato de conhecer sua existência e entendê-lo como uma dádiva divina potencializa seu poder amoroso, assim como rejeitá-lo cria bloqueios aos seus benefícios.

Aceitá-lo significa reconhecer essa conexão com o Divino, uma conexão eterna e inquebrantável. Aceitá-lo também demonstra o entendimento de que a prosperidade é como o ar: disponível a todos que relaxarem e permitirem que os pulmões façam seu trabalho. Aceitá-lo significa abrir mão do controle absoluto sobre a vida, até porque essa pretensão é ingênua.

Aceitá-lo significa investir em emoções que estão em alinhamento, como a alegria, a confiança e a compaixão. Aceitá-lo é aceitar a nós mesmos, com as características aparentemente limitadoras que temos, mas também com o ilimitado que verdadeiramente somos. Aceitá-lo requer também uma postura de aceitar, apreciar e respeitar os outros como eles são, sem julgamentos, porque, em última análise, qualquer desqualificação dos outros reflete uma profunda desqualificação de si mesmo.

Aceitação e permissão ainda têm a ver com a capacidade de perceber essa influência do Fluxo em nosso dia a dia. Fica mais fácil ver os benefícios e reconhecê-los como benção, jamais como casualidade. Isso aumenta a aceitação e nos reforça a certeza de sua existência.

Em contraposição a esse Fluxo Venturoso existe um movimento de resistência interna cuja essência vale a pena explorar um pouco. Em poucas palavras, essa é uma resistência pessoal ao amor que cura. Seja por negarem a conexão existente com o Divino, seja por não se sentirem dignos ou merecedores, muitos criam barreiras às suas benesses. E é essa resistência que nos leva a sentir inúmeras dificuldades para realizar o que desejamos.

Resistência tem a ver com a desconfiança e a visão pessimista do mundo. Tem a ver com a visão cética e materialista – "só existe o que vejo" –, com uma crença na solidão do Homem. Tem a ver com a falácia materialista de que só negando o Divino o ser humano poderá assumir sua grandeza. Tem ainda a ver com diversos medos: o medo de ser inferior, o medo de não pertencer, o medo do futuro e muitos outros, que levam o homem a desenvolver o egoísmo como recurso de subsistência, como se a existência fosse uma eterna luta contra a ameaça de extinção. Tem a ver, portanto, com uma autoimagem pobre, uma autoestima cronicamente baixa e que se expressa quer pela vitimização, quer pela arrogância. Essa resistência bloqueia a prosperidade e oferece em troca a estagnação.

Essa resistência ao Fluxo Venturoso é composta principalmente por memórias, lembranças, convicções e crenças[2]. Dessas, boa parte tem origem na própria experiência do indivíduo nesta e em vidas passadas. Outras são herdadas: vêm das histórias familiares e sociais ou mesmo da experiência da humanidade como raça.

De qualquer forma, reconhecer a existência do Fluxo Venturoso, esse gentil vento de amor incondicional que infla nossas velas e suave, mas vigorosamente nos conduz a um destino melhor, ainda que por vezes desconhecido, é um conhecimento essencial para quem busca a prosperidade total. Contar com ele traz confiança, a pedra de toque da Alquimia Pessoal.

Nossa natureza é próspera.

---

[2] Essa imagem é coerente com diversas linhas de pensamento que consideram a existência de uma influência do passado coletivo sobre o presente: um conjunto de forças cuja origem se dilui nas gerações passadas de toda a humanidade e que exerce poder invisível sobre cada um de nós. Dentro do campo da ciência, podemos citar o método terapêutico das Constelações Familiares. Outro método terapêutico – esse ainda não reconhecido pela ciência oficial – que considera tal influência do passado coletivo sobre os indivíduos do presente é o Ho'Oponopono da Identidade Própria. Perfect Liberty, Igreja Messiânica, Espiritismo e Seicho-No-Ie são algumas das religiões que também compartilham esse conhecimento, ainda que de formas diferentes.

CAPÍTULO 2

UM CAMINHO PARA O FLORESCIMENTO

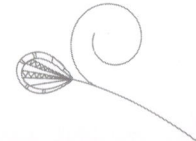

Nós gostamos de métodos e processos bem definidos. Nossa atividade como consultores nos ensinou essa predileção e a reforçou ao longo dos anos. É uma crença sobre o trabalho que nos ajuda e liberta. Os métodos têm esta qualidade: oferecem um caminho mais estruturado através do qual as pessoas interessadas podem chegar ao destino a que se propõem, seja ele qual for. O método[3] é o caminho, funciona como uma espécie de rota. É o trajeto delineado para te ajudar a chegar lá.

O caminho que traçamos aqui foi criado a partir de três conjuntos de conceitos extremamente eficientes: a Teoria de Campos de Força, do psicólogo Kurt Lewin, uma lógica aplicável a processos de mudança tanto em organizações quanto em indivíduos; as EFT – Emotional Freedom Techniques (ou Técnicas de Libertação Emocional), desenvolvidas por Gary Craig, cuja aplicação vai muito além das doenças e sintomas físicos e emocionais mais comuns e tem se mostrado uma ferramenta poderosa para a mudança de crenças limitantes e, portanto, de destinos; e, finalmente, a Intenção Focada, respaldada pelas pesquisas de Gregg Braden sobre uma "tecnologia da oração" que as antigas tradições vêm utilizando há milênios, como as que encontramos em comunidades como a dos índios Hopi e nos templos budistas do Tibete[3].

Sobre esta última, há referências detalhadas em textos ancestrais, como as Escrituras do Mar Morto, deixadas pelos essênios há mais de 2 mil anos e descobertas em meados do século passado, entre outros.

---

[3] Ao engenheiro Gary Craig, ao dr. Kurt Lewin e a Gregg Braden, portanto, nossa gratidão. Demos ao método aqui exposto o nome Método G2K. Trata-se de uma forma de reconhecimento à contribuição desses três grandes autores: G2 de Gary e Gregg e K de Kurt.

Simplificando (mas sem querer tornar simplista), a teoria que o dr. Kurt Lewin nos deixou parte do reconhecimento de que toda situação existente é reflexo do equilíbrio de duas forças que atuam em direções opostas.

Apenas como exemplo, se um empresário quer entender por que as vendas de um produto estão estagnadas em determinado patamar, deve reconhecer que há algumas forças que impedem que as vendas cresçam (a existência de produtos concorrentes, o mercado saturado, o preço alto para outras faixas de consumidores, o tamanho da embalagem etc.) e outras que ajudam as vendas a não diminuir (reconhecimento da marca, facilidade de encontrar o produto, imagem de qualidade da empresa, esforço de vendas dos comerciantes etc.).

É esse equilíbrio entre o que ajuda e o que dificulta que mantém as vendas estagnadas. Se só houvesse forças que ajudassem as vendas, nada impediria que a empresa dobrasse ou triplicasse o faturamento imediatamente. Por outro lado, se só houvesse forças que dificultassem (e nenhuma que ajudasse), as vendas estariam caindo vertiginosamente, e nada impediria seu fracasso imediato.

O mesmo aconteceria com uma pessoa que fuma vinte cigarros por dia. Há forças que a estimulam a fumar (ansiedade, ato reflexo após tomar café) e forças que o impedem de fumar mais (pressão social, custo). Não houvesse esse equilíbrio, isto é, se não houvesse uma dessas forças opostas, seu consumo poderia facilmente ser eliminado (zero cigarros) ou crescer sem controle nenhum (trinta, quarenta ou, quem sabe, até mais cigarros por dia).

Pensando em processos de mudança, nos quais uma pessoa reconhece que vive em determinada condição e deseja mudar para uma condição diferente, o dr. Kurt Lewin chamou de Forças Restritivas os vetores que impedem ou dificultam a mudança e de Forças Propulsoras as que estão de acordo e facilitam a mudança desejada.

Esse equilíbrio, claro, não é perene. Assim, qualquer mudança naquela condição está condicionada a uma alteração desse equilíbrio de forças.

Há uma imagem que nos ajuda a entender esse conceito:

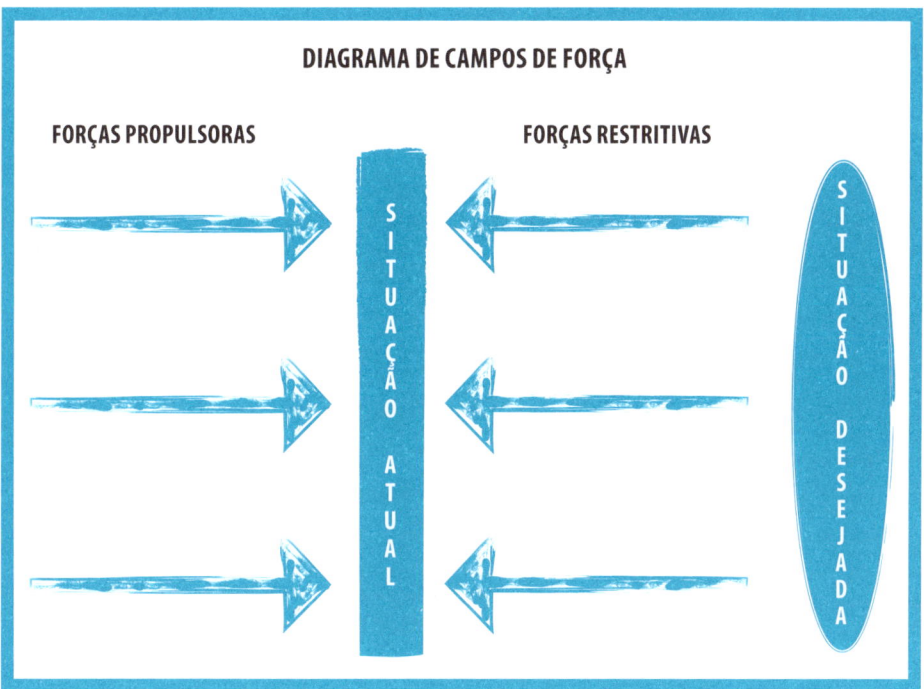

Isto é, se você quiser mudar a situação atual para a situação desejada, terá de vencer as Forças Restritivas, com a ajuda das Forças Propulsoras.

Apenas para facilitar ainda mais o entendimento, vejamos o caso hipotético, mas típico, de uma pessoa que deseja emagrecer. É importante ressaltar que cada caso é um caso diferente e que o exemplo abaixo não é aplicável a todas as pessoas que lutam contra o peso.

DIAGRAMA DE CAMPOS DE FORÇA

FORÇAS PROPULSORAS →

Crença: tenho força de vontade e posso vencer isso.

Comportamento: gosto de comer verduras.

← **FORÇAS RESTRITIVAS**

Crença: todos na minha família são gordos. Eu também.

Crença: emagrecer é sacrifício.

Comportamento: adoro comer chocolates.

Comportamento: não tenho tempo nem disciplina para comer nem para fazer exercícios.

Peso 80 kg (20 kg acima do peso que desejo)

Quero pesar apenas 60 kg

POR ONDE COMEÇAR A MUDANÇA?

A maioria das pessoas imagina que, para qualquer mudança, tudo o que se precisa fazer é esforçar-se mais, "empurrar mais", ou seja, aumentar as Forças Propulsoras em direção à situação desejada. Nossa sociedade valoriza o esforço, a força de vontade e a vitória sobre as dificuldades pelo caminho mais difícil. É por isso que a maioria dos processos de emagrecimento começa a partir da força de vontade: parar de comer doces, comer menos, fazer mais esporte...

Como consequência, há um primeiro momento de emagrecimento, seguido pelo famoso "efeito sanfona". O passo seguinte é redobrar o esforço... para engordar de novo, chegando, às vezes, a um peso ainda maior do que o original. Isso derruba a autoestima de qualquer um.

Para entender o que acontece nesses casos, vamos recorrer a uma das principais conclusões a que o dr. Lewin chegou em sua teoria: a melhor forma de fazer qualquer mudança é começar reduzindo as Forças Restritivas para depois alavancar a mudança com as Forças Propulsoras. Essa forma de promover mudanças faz muito sentido em termos práticos, pois o que se constata é que o aumento das Forças Propulsoras acaba provocando sempre uma força contrária, uma reação, que conduz a um círculo vicioso: é o que ele chamou de "efeito mola".

Voltando ao exemplo, é interessante ressaltar que o "efeito sanfona" é o próprio "efeito mola" aplicado aos processos de emagrecimento através de um regime de restrição alimentar. O melhor seria, portanto, começar pela redução das Forças Restritivas: eliminar a compulsão por chocolates e as crenças limitantes e mudar o comportamento quanto à disciplina.

Depois de lidar com esses aspectos, ficará muito mais fácil comer menos (e melhor) e praticar exercícios. (Sabemos que, se você já tentou emagrecer e não conseguiu, deve estar se perguntando como fazer isso. Falaremos mais sobre isso adiante).

A lógica da Teoria de Campos de Força aplica-se a qualquer mudança desejada. Essa técnica é muito utilizada, por exemplo, em organizações que buscam melhorar seu desempenho e também por pessoas que buscam mudar o comportamento.

LIBERTAÇÃO EMOCIONAL

As EFT são uma versão da acupuntura sem a utilização de agulhas que têm como foco as questões emocionais que afetam nossa saúde e nosso desempenho. Junto de outras terapias modernas, classificam-se como *tapping*. Foram criadas por Gary Craig, um pastor e engenheiro norte-americano, a partir de diversas outras técnicas terapêuticas que estudou.

Seu grande objetivo era criar algo eficiente, simples e acessível, de modo a colocar nas mãos de cada um sua própria liberdade emocional. E ele conseguiu. É possível aprender a técnica em poucas horas, e os que têm facilidade para estudar por conta própria podem dominá-la até mesmo através de um manual fornecido gratuitamente[4].

Hoje, é uma ferramenta usada como recurso principal ou complementar em processos de orientação ou terapêuticos conduzidos por *coaches*, terapeutas corporais, massoterapeutas, acupunturistas, psicólogos e médicos. Todos reportam seu enorme sucesso.

---

[4] Há alguns sites oferecendo informações e treinamento sobre EFT. Recomendamos o www.emofree.com, de Gary Craig – criador do EFT. É um recurso excelente com uma limitação: está em inglês, sem legendas nem dublagem para nossa língua. Nele se encontram não apenas um curso on line, com vídeos e textos, como também diversos comentários e atualizações da técnica. É a principal fonte sobre o assunto. Em português, recomendamos o www.emofree.com.br, de Sonia Novinski – introdutora do EFT no Brasil e colaboradora direta de Gary Craig. Os textos são em português e boa parte do material publicado no site de Gary Craig está lá, traduzido. Há ainda o site www.eftbrasil.com.br, de André Lima, que oferece cursos on line e presenciais. Como possibilidade adicional, os autores também se oferecem a enviar eletronicamente o manual desenvolvido por Gary Craig, em português e que servia de base para o treinamento original. Ainda que ele não tenha incorporadas diversas atualizações e acréscimos que a experiência e novas pesquisas ensejaram, ele oferece a técnica básica com muita qualidade e eficiência. Para obtê-lo, basta enviar e-mail para contato@alquimiapessoal.com.br.

Indica-se sua aplicação em casos de doenças crônicas ou agudas, sintomas não associados a alguma doença específica, traumas, sequelas físicas e emocionais causadas por acidentes, pesar, pânico, resistência a mudanças, dificuldades de aprendizagem, medo de falar em público, ansiedade, timidez, frustração, autossabotagem, desmotivação, falta de energia, lembranças amargas e em inúmeras outras situações.

Ainda que seja óbvio, é obrigatório lembrar que há casos, como ocorre em qualquer outro procedimento ou técnica terapêutica, em que seus resultados são provisórios ou não percebidos. Há casos – raros – em que simplesmente não funciona[5]. Sua maior aplicação, no método que estamos propondo aqui, é lidar com crenças limitantes, compulsões e comportamentos que dificultam o alcance dos objetivos.

Aceitemos ou não, as maiores e mais frequentes limitações que enfrentamos moram dentro de nós. São os nossos modelos mentais, as nossas crenças pessoais de sermos inadequados, menores, incapazes ou vítimas de uma realidade maligna e cheia de inimigos. Elas provocam uma necessidade cruel de autossabotagem, de modo a abalar qualquer possibilidade de prosperidade, felicidade e abundância.

Subconscientemente, é um jeito de deixar tudo como está: as crenças se mantêm, e nada muda na mediocridade da vida. A grande "vantagem" é que a pessoa pode continuar a jogar a culpa nos outros, sem assumir a "trabalhosa" tarefa de cuidar de si mesma. Pode ser incrível, mas essa dinâmica prevalece em muitas vidas. Dentro do que aprendemos com as técnicas de libertação emocional, esse tipo de processo interno de sabotagem é chamado de Reversão Psicológica, e há recursos específicos para lidar com ele.

---

[5] Em nossa experiência na aplicação de EFT, não sabemos de caso em que a técnica não tenha gerado sequer um alívio, por mínimo que fosse. Mas é importante considerar que as EFT não fazem milagres. Impressionam, mas não fazem milagres.

COMO A LIBERTAÇÃO EMOCIONAL ACONTECE?

Nas pesquisas empreendidas por Gary Craig, ele concluiu que todas as emoções se expressam no corpo. Quando essas emoções são negativas (medo excessivo, apego, trauma, pesares, frustrações etc.), elas se manifestam pela interrupção do fluxo normal e natural de energia sutil que corre por todo o nosso corpo através dos canais de energia, chamados pelos acupunturistas de meridianos.

Com a interrupção do livre fluxo, a energia fica congestionada em algumas áreas do corpo, provocando manifestações físicas como elevação da pressão sanguínea, dores nas costas, dores de cabeça, respiração ofegante ou constrita, dificuldades de ouvir, olhar ou reagir, paralisia e muitas outras reações físicas, que variam de pessoa a pessoa. Mesmo que tais reações físicas tenham um bom motivo por trás de si (por exemplo, uma emoção muito forte causada por um acidente grave), é possível desbloquear esse fluxo de energia através do estímulo de determinados pontos de acupuntura e, com isso, reverter a emoção negativa para algo positivo ou minimamente neutro.

Edna, por exemplo, tinha medo de altura, fobia adquirida em sua infância, quando ficou presa no alto de uma roda gigante por algum tempo. Com quase 40 anos de idade, sempre que algo a remetia, ainda que muito sutilmente, àquela situação, o medo retornava e ela sentia tonturas e dificuldade para respirar. Até mesmo andar em uma passarela segura e de baixa altura já lhe era uma tortura. Após ouvir o caso, o terapeuta que a atendeu fez uma avaliação inicial das sensações corporais que a simples lembrança daquele dia causava, estimulou os pontos de acupuntura básicos, reavaliou e repetiu o processo algumas vezes. Alguns minutos depois, ela se sentiu melhor.

Esse estímulo, diferentemente da forma como fazem os acupunturistas, não é feito com agulhas, mas através de leves batidas com a ponta dos dedos. Mais tarde, Edna subiu ao alto do edifício em que estava e, pela primeira vez em muitos anos, pôde apreciar a paisagem vista de cima. Meses depois, ela voltou a procurar o terapeuta para tratar de outro problema e relatou que nunca mais sentiu medo de estar em locais altos.

Jadson, um consultor de empresas extremamente inteligente e competente, tinha um problema que atrapalhava demais sua vida: postergar trabalhos e tarefas rotineiras para si mesmo. Em vez de descrever o caso, reproduzimos abaixo o texto com seu depoimento, enviado uma semana após a sessão de atendimento.

> *"Fazer o que é necessário para completar tarefas nunca foi problema para mim. Nunca, desde que as tarefas fossem para outras pessoas, não caracterizassem rotina e tivessem um ar de desafio ou novidade. Caso contrário, eu sempre postergava. Isso aconteceu a vida inteira, e, mesmo quando eu decidia encarar a pendência, lá vinha uma indolência do corpo, fosse por sono, desânimo ou até mesmo distração. As distrações, então, eram sempre a causa dos meus atrasos aos compromissos rotineiros do dia a dia ou para os quais eu não estava muito motivado. Outro sintoma era uma autoexigência extremada, que não me deixava gozar as minhas conquistas, simplesmente porque eu achava que podia sempre fazer melhor (apesar do elogio dos outros). Eu fazia ótimos trabalhos, difíceis até de superar, mas ainda não sentia que era um sucesso autêntico por conta do tempo gasto devido à postergação e todo o esforço extra exigido pela distração. Depois de tantos anos sofrendo com isso, em uma situação de extremo estresse no trabalho, procurei ajuda profissional e fui diagnosticado como portador de TDAH (Transtorno do Deficit de Atenção e Hiperatividade). Fui diagnosticado como Hiperativo Mental, mas também como o que os especialistas chamam de "sobrevivente". Apesar das minhas dificuldades, aos olhos da ciência sou uma exceção, que aprendeu sozinho a driblar os efeitos do transtorno (à custa de exaustivos esforços, claro), minimizando características negativas e explorando os aspectos positivos da hiperatividade mental. O diagnóstico me aliviou de uma carga de culpa, porém não resolveu os meus problemas. Ao contrário, aumentou-os, pois me acomodei resignadamente diante do transtorno. Isso não me fez sentir melhor. Eu experimentei uma única sessão de EFT, com o objetivo de acabar com os efeitos negativos do TDAH. O resultado foi muito encorajador: no mesmo dia, consegui colocar algumas pendências que vinham se arrastando no tempo e, no dia seguinte, consegui energia para completar outras. Eu ainda não resolvi todos os aspectos que me desagradam, porém eu não me atraso mais aos compromissos e, ao final do dia, tenho sentido uma felicidade inspiradora: senti orgulho de mim mesmo, um acréscimo na autoestima. Com isso, sinto-me motivado para exaurir as possibilidades das EFT no tratamento de um transtorno que, apesar de fisiológico, deu ótimos sinais de resultados no meu dia a dia."*

O processo de atendimento de Jadson foi exatamente o mesmo: identificação do problema, avaliação inicial, estímulo dos pontos de acupuntura seguindo o processo definido, reavaliação e novos estímulos até que os sintomas se diluíssem. E como Jadson aprendeu o processo de EFT, pôde dar continuidade ao seu tratamento sozinho, recorrendo ao terapeuta eventualmente, para tirar dúvidas e comentar sua evolução.

Esses casos demonstram o poder que a técnica de libertação emocional tem para auxiliar pessoas na área da Prosperidade Total. E podemos assegurar: é realmente muito simples e eficaz.

Para atender à curiosidade de quem está interessado em emagrecer, vamos ver como isso aconteceria no exemplo dado anteriormente. A técnica de libertação emocional seria usada para neutralizar todas as crenças limitantes: (quem falou que não é possível ser magro em uma família de gordos?) e as compulsões (por chocolate) e ajudar na mudança dos comportamentos inadequados.

Aliás, é importante citar que, por trás de um comportamento inadequado, é comum haver uma crença que o mantém e reforça. Nesse caso, é possível que o comportamento indisciplinado que essa pessoa tem seja decorrente de uma autoimagem, isto é, da crença de que ela não tem disciplina e jamais poderá ter, nem se ela for necessária. A boa notícia é que, pelo fato de ser uma crença, ela poderá ser substituída por outra mais libertadora.

A INTENÇÃO FOCADA

Após Descartes, o principal filósofo a propor as bases do pensamento científico materialista que tem prevalecido em nossa sociedade ocidental, o ato de orar, por ser considerado um ritual meramente religioso, foi eliminado das atenções dos homens de ciência por não estar – no seu entender – relacionado à realidade objetiva das coisas e pessoas.

Desde então, falar de orações, afirmações positivas, poder do pensamento ou de curas espirituais pelo poder da palavra sempre foi – e ainda é – acompanhado de um sorriso amarelo, quando não de raiva e ranger de dentes, pela maioria dos cientistas. E, convenhamos, a objeção de um cientista é muito respeitada, mesmo que ele não consiga provar cientificamente os motivos de sua objeção.

Sobre essa postura de crítica e preconceito há uma história curiosa, descrita pelo dr. Larry Dossey no livro *As palavras curam* (Editora Cultrix/Pensamento). Várias enfermeiras de um grande hospital norte-americano se interessaram pelos bons resultados obtidos pelo Toque Terapêutico, técnica de cura por imposição de mãos desenvolvida pela enfermeira e professora Dolores Krieger, da Universidade de Nova York, o que contrariava muito o chefe da enfermaria, um sujeito avesso a métodos e técnicas "alternativos". Ao saber que muitas delas haviam dedicado a folga semanal para participar de um curso sobre essa técnica, ele fez colocar um aviso em letras garrafais no quadro de avisos da enfermaria: "NESTE HOSPITAL NÃO SE FARÃO CURAS". Restaria perguntar o que deveria fazer um hospital, então.

Embora as restrições ainda existam, nas últimas décadas foram produzidas inúmeras pesquisas, com rigorosa orientação científica, que gradativamente têm abalado as convicções e os preconceitos da classe médica e de pesquisadores de quaisquer outras ciências a respeito do poder das orações. Nada parecido com um consenso, por certo, mas muitos já aceitam os avanços que se fazem notar.

A verdade é que a ciência começa pelo reconhecimento de fenômenos que muitas vezes já são aceitos para, só então, tentar entendê-los e formular teorias, provisórias em princípio e mais consistentes depois de muita pesquisa. E assim está acontecendo com os fenômenos das curas espirituais, com o poder do pensamento e das palavras, venha ele pela via da espiritualidade, chamada de prece, venha pelos canais dos estudos da mente, recebendo o nome de afirmações positivas. O que importa é que essas duas formas de dar foco a uma intenção, apesar de diferentes na origem, podem se completar adquirindo um enorme poder de transformação.

E é nesse momento que a contribuição de Gregg Braden, ao estudar e retomar práticas ancestrais de oração e sua relação com as últimas pesquisas na área da física quântica, se mostra mais e mais necessária e importante. Ele não só nos traz uma explicação mais consistente sobre o poder das orações, dos pensamentos e das afirmações cotidianas como também amplia esse conhecimento, apontando onde residem as oportunidades de aumentar a eficiência dessa "tecnologia" de acesso e mudança da realidade objetiva e visível através da realidade subjetiva e invisível.

Intenção Focada é, portanto, uma expressão que adotamos para representar toda e qualquer forma disponível de usar o poder das crenças, dos pensamentos, dos sentimentos e da emoção em favor de uma mudança. Neste livro, propomos uma fusão entre as técnicas, pois entendemos que essa pode ser a principal Força Propulsora que nos ajuda a alcançar as mudanças que pretendemos.

O MÉTODO G2K

A aplicação dessa forma combinada talvez seja nova na forma, mas é certamente antiga no conteúdo e de fácil compreensão. Em rápidas palavras, o método consiste em cinco passos decisivos:

Defina o caminho;

Reduza as resistências;

Reforce a permissão;

Avalie por emoções;

Estimule a criação e a atração.

Nestas etapas, estão embutidas todas as principais ações necessárias para um processo de mudança pessoal na direção da Prosperidade Total.

Na primeira etapa, você definirá o que deseja e o que não deseja, estabelecendo claramente seus objetivos. Afinal, sem saber para onde quer ir dificilmente você conseguirá chegar lá. Na segunda, poderá identificar as Forças Restritivas que compõem a sua Resistência em aceitar a Prosperidade e como agir para eliminá-las. A terceira etapa facilitará a identificação dos recursos disponíveis para ajudá-lo nessa mudança – recursos que atuam como Forças Propulsoras. Na quarta etapa, será possível entender como avaliar seu progresso através das emoções, alavancando ainda mais seus objetivos. Finalmente, na última etapa, você conhecerá diversos processos que ajudam a estabelecer sintonia fina entre os pensamentos, os sentimentos e os comportamentos (o Alinhamento Vibracional), aumentando drasticamente o seu poder de criar e atrair as condições, oportunidades e realidades prósperas.

CAPÍTULO 3

QUE TIPO DE FLOR VOCÊ DESEJA EM SEU JARDIM?

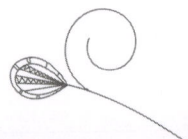

PASSO UM

DEFINA O CAMINHO

Há um ditado chinês que diz: "Uma caminhada de mil léguas começa sempre com o primeiro passo".

Cremos que vale aqui uma reflexão: parece que isso só será verdade se o primeiro passo for fazer um bom planejamento da viagem, não é? Caso contrário, correremos o risco de caminhar 500 léguas para só então perceber que estávamos indo na direção errada.

Convenhamos, um mínimo de planejamento cai bem em qualquer situação. Se almejamos mudanças em nossa vida, e se damos a ela a importância que realmente tem, é óbvia a necessidade de saber que mudanças desejamos. Não que tenhamos total condição de controlar a vida e o futuro, mas temos de fazer nossa parte. Como disse John Lennon, "a vida é o que nos acontece enquanto fazemos outros planos".

Entretanto, quando planejamos algo sem a arrogância de querer controlar tudo, a alma fica leve, e render-se ao imponderável poderá ser uma aventura feliz. A pergunta "O que você quer?" parece ser tão simples de responder, não é? Mas, será?

A aplicação do método aqui proposto começa por um conceito muito claro sobre a característica principal de um problema: problema é a diferença entre o que É e o que DEVERIA SER.

Assim, uma clara definição do objetivo exige que você identifique o que É (o que você tem, o que você faz, o que você sente) e o que GOSTARIA DE SER (o que gostaria de ter, de fazer ou de sentir) .

Há algumas recomendações que, se observadas, auxiliam muito nessa etapa. Elas são especialmente importantes na fase de aprendizagem da técnica, pois ajudam a evitar frustrações que poderiam levar à desistência.

Reflita: "Por que eu quero isso?".

Por vezes, isso pode exigir que façamos exatamente o contrário do que todos os outros fazem, e pode ser muito desconfortável. Mas até nisso há que se tomar decisão consciente.

Acreditamos que mais importante do que a decisão que você tomou será sempre o "porquê" de ter tomado tal decisão. Há escolhas que são feitas por puro ato reflexo: "Farei isso porque é o que todo mundo faz!"; "Isso é o normal, não é? Então é certo!"; "Se eu não fizer assim, o que os outros vão pensar?". Essas são praticamente "não decisões", porque excluem o principal em uma escolha: a consciência e a busca de um movimento saudável em prol da sua prosperidade total. Podem ser o que chamamos de "normose": mero apego à normalidade, sem considerar que o normal pode e é, muitas vezes, patogênico, ou seja, pode gerar doenças físicas, psicológicas ou sociais. Ser normal pode ser um fator de doença e infelicidade. A busca da prosperidade total implica assumir responsabilidade pessoal por sua vida como um todo, ser autêntico e responsável por si mesmo.

Em nossa sociedade, há "normoses" disseminadas – tantas e tão fortes que fica até difícil saber quando tomamos uma decisão por conta própria e quando apenas cedemos ao que nos disseram ser o certo. Uma "normose" que nem requer explicações é o preconceito, seja ele de raça, credo, gênero ou qualquer outro socialmente "normal".

Outro exemplo muito comum é a "normose estética", que se reflete no desejo de emagrecer a qualquer custo. Muitas pessoas se anulam por não terem o corpo que acham que os outros querem que elas tenham e, em busca de aceitação social, chegam a se mutilar e adoecer. "Dane-se se me sinto bem. Quero me livrar desses cinco quilos que me disseram que tenho a mais."

A crença em uma estética-padrão a ser aceita por todos e cada um é atroz e faz vítimas aos montes. Por trás do dinheiro que essa "normose" é capaz de obrigar as pessoas a despender há uma enorme e rentável indústria de remédios, revistas, exames, roupas, cosméticos, aparelhos de ginástica, tratamentos e cirurgias, que conta com médicos, psicólogos, terapeutas, nutricionistas, estilistas, modelos, marqueteiros e uma infinidade de outros profissionais, a maioria deles totalmente convencida de que nada há de errado no que fazem e falam. Fica aqui um alerta: suas decisões são autônomas e focadas no melhor para si mesmo e para a humanidade ou mero apego à normalidade que nos impingem?

SEJA ESPECÍFICO

Não adianta você tentar colocar todas as suas dificuldades em todas as áreas da vida em um mesmo momento. Escolha uma área específica da vida – finanças, saúde, estudo, relacionamento ou qualquer outra – e concentre-se nela. Quanto mais específicos formos, mais rapidamente os resultados tenderão a chegar, trazendo com eles a segurança necessária para avançarmos mais rapidamente no futuro. Um único assunto permitirá que você perceba melhor as mudanças que acontecerão e reduzirá o risco de frustração inicial.

SEJA GRADATIVO

Por vezes, você definiu um objetivo que seria grande demais até para alguém que conhece e pratica as ferramentas de mudança há anos. Entenda que, mesmo que esse objetivo seja alcançável (como, em princípio, todos eles são), é muito mais inteligente estabelecer objetivos intermediários, que possam ser alcançados em menos tempo. Assim, você poderá avançar sempre na direção de seu desejo e, com o acúmulo de experiência, acelerar a velocidade de realização com objetivos gradativamente mais exigentes.

Aqui vale um alerta: uma das formas de autossabotagem é a arrogância: ao definir objetivos que vão muito além de sua capacidade atual, você abrirá oportunidade para o fracasso e, portanto, poderá ter um bom motivo para a desistência. Nesse caso, o principal motivo do fracasso terá sido – novamente – uma ou mais crenças: a de que o objetivo é grande demais, a de que você não é capaz etc. Não queremos, com isso, desestimulá-lo a fixar grandes objetivos. Ao contrário, queremos que "reforce seus músculos" gradativamente, com crenças que libertam e fortalecem a autoestima. Enfim, pense grande e realize etapa por etapa. Com a persistência, chegará o dia em que você sentirá confiança para atingir objetivos maiores. E as EFT poderão ajudá-lo a antecipar etapas nisso também.

DEFINA O QUE QUER, NUNCA O QUE NÃO QUER

Há duas emoções que podem permear nossos comportamentos e atitudes, bem como nossos objetivos: o amor e o medo. Sabemos que atraímos para nossa vida exatamente o que nossa mente tem por foco: o que tememos ou o que amamos. Fixar um objetivo com amor significa que a razão pela qual desejamos algo não é rejeitar algo desagradável, mas, ao contrário, atrair algo desejado.

Um objetivo bem definido aponta para o desejo de forma positiva, jamais negando algo. É bem verdade que pode ser útil identificar o que não se quer, para ficar mais fácil identificar o que se quer, mas o objetivo não pode ser livrar-se de algo indesejado. Pode parecer que não há diferença alguma nisso, mas são coisas diametralmente opostas. Por exemplo, um bom objetivo pode ser "dispor de dinheiro abundantemente para poder investir na compra de uma casa nova". Isso é muito mais eficiente que "deixar de ter dívida nos bancos".

DESCREVA A SITUAÇÃO QUE VOCÊ QUER MUDAR

Sem julgamentos ou críticas. De nada adianta reiterar os defeitos e as carências de sua situação atual. Julgar e depreciar só estimulam sentimentos negativos, como a raiva e o arrependimento e, consequentemente, enfraquecem a autoestima. Não importa a sua condição atual, ela foi gestada pela única pessoa que pode influir em sua vida: você mesmo. Assim, depreciar algo de sua vida atual é depreciar a si mesmo: uma total perda de tempo e energia, um investimento no atraso. Evite, portanto, qualquer palavra que desqualifique ou desrespeite o seu presente. Use palavras neutras. Um resumo pode ser escrito na barra central do Diagrama de Campos de Força, na barra retangular: Situação Atual.

DESCREVA A SITUAÇÃO DESEJADA

Para descrever o seu desejo, a recomendação é diferente: escreva com carinho, com apreciação, com destaque para as qualidades desejadas. Novamente, inclua um resumo do que você deseja ter, ser ou fazer no Diagrama de Campos de Força, agora na barra oval da direita: Situação Desejada.

Apenas usando o caso de emagrecimento já comentado anteriormente como exemplo didático, e considerando que emagrecer é uma decisão sensata e saudável, não uma "normose", teríamos o seguinte:

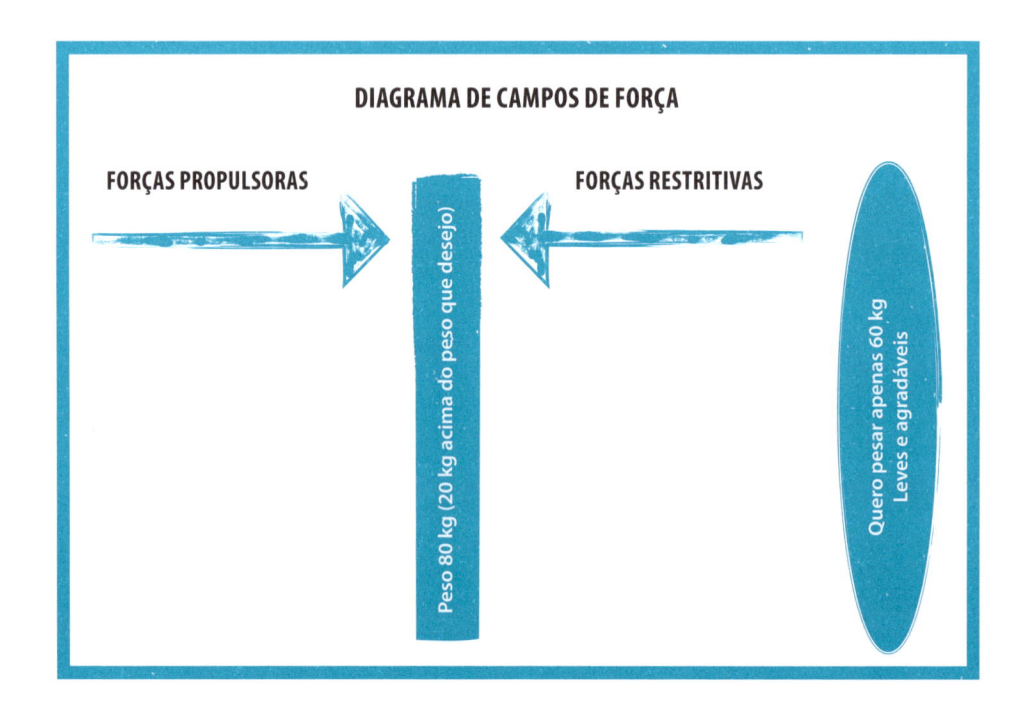

DIAGRAMA DE CAMPOS DE FORÇA

FORÇAS PROPULSORAS → ← **FORÇAS RESTRITIVAS**

Peso 80 kg (20 kg acima do peso que desejo)

Quero pesar apenas 60 kg
Leves e agradáveis

IDENTIFIQUE AS FORÇAS RESTRITIVAS

Uma vez definido um objetivo a ser alcançado, o próximo passo é identificar as resistências que nos impedem de alcançá-lo ou dificultam. Nessa análise, devemos nos fixar em condições pessoais e internas, isto é, focar em comportamentos, sentimentos e crenças que nos limitam. E, como já se pode deduzir, não há uma tabela de forças restritivas que correspondam a um dado objetivo.

Cada caso é um caso. Cada um de nós é um ser único, com potenciais e dificuldades muito particulares que até podem parecer iguais aos de outros, mas que jamais serão iguais.

A chave para essa etapa requer que você reflita um pouco sobre algumas questões:

- Quais crenças, comportamentos e sentimentos impedem-me de sair de onde estou para ir aonde quero estar?
- Quais crenças, comportamentos e sentimentos levaram-me a estar onde e como estou?
- Quais as vantagens de ter a vida que tenho?
- O que a atual vida me traz de bom e que não quero largar?
- Estou em uma zona de conforto?
- Sinto-me vítima de alguém ou de uma circunstância?
- Por que não fiz essa mudança antes?
- Por que não aceito agora que devo e posso mudar?

Outra forma de identificar as crenças pessoais que agem como forças restritivas é analisar como anda a sua vida. Se as crenças são determinantes dos pensamentos e sentimentos, e estes da realidade que temos, podemos ver nessa realidade os indícios daquelas crenças.

Um exemplo: um cliente não se sentia confortável ao consultar o extrato bancário, experimentando um grande incômodo sempre que fazia isso. Por isso, evitava fazer qualquer controle de suas entradas e saídas de dinheiro. Esse comportamento e esse sentimento só poderiam existir, claro, por causa da existência de crenças pessoais importantes interferindo na vida dele. Não foi difícil encontrá-las, após uma autoanálise: a autoimagem de descontrole financeiro, de pobreza crônica e de culpa.

Esse cliente havia passado uma fase de muita dificuldade financeira, época em que tentava desesperadamente sustentar sua família e pagar contas atrasadas. Naquela época, ele sempre sabia o que encontraria ao ler o extrato bancário: conta no negativo, dívidas, desespero. Uma época de muitos sofrimentos emocionais que acabaram por deixar cicatrizes na alma. Seu comportamento e os sentimentos negativos frente ao extrato bancário permaneceram, mesmo que os tempos sejam outros e que as contas estejam em ordem. Para alcançar seu objetivo de ter maior controle de suas finanças, registramos tais comportamentos, sentimentos e crenças como Forças Restritivas em seu Diagrama de Campos de Força.

Muitas outras questões podem surgir e ajudar a identificar as forças restritivas em relação à mudança pretendida. É importante, porém, que cada uma delas seja muito bem entendida. Reflita sobre elas, escreva-as a lápis, para que possa mudar a redação sempre que desejar, e dedique algum tempo para aprimorar esse autoconhecimento.

Pode ser muito útil mostrar a lista para alguém confiável, sincero e discreto, que possa ajudar a refinar as informações. Esse confidente deve também ter uma postura encorajadora, porque não há nada pior do que alguém ficar criticando as decisões do outro, qualquer que seja o motivo. Julgamentos e críticas não ajudam ninguém há uns 10 mil anos, provavelmente.

Essa etapa de autoanálise deve ser encerrada com a listagem dessas barreiras e dificuldades pessoais no Diagrama de Campos de Força, no espaço reservado para Forças Restritivas.

Ainda usando o caso do emagrecimento como exemplo:

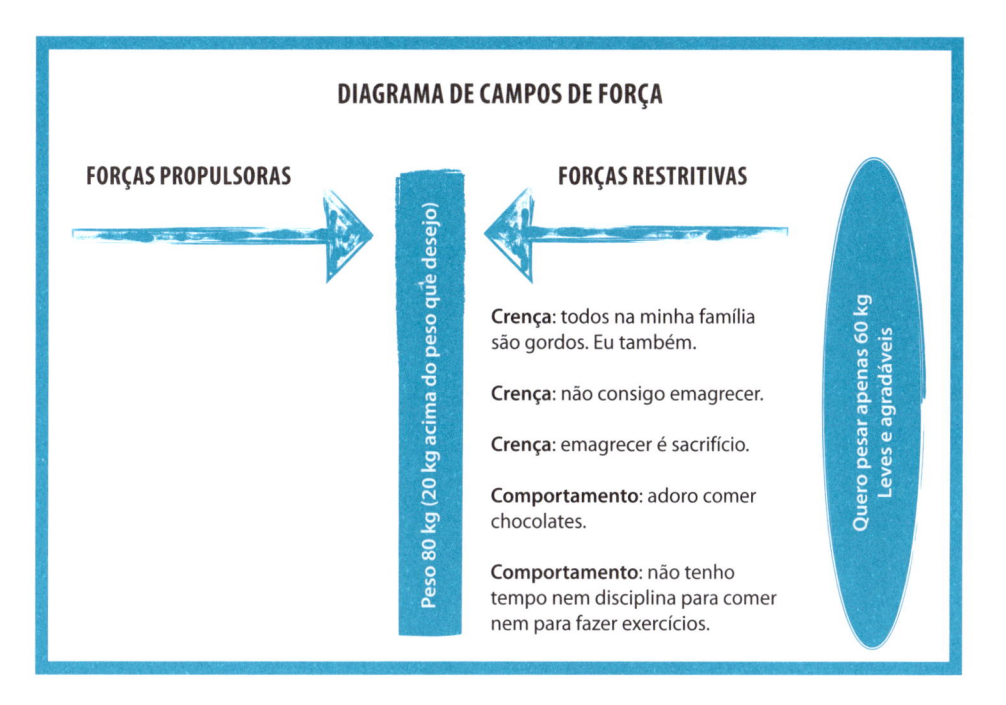

DIAGRAMA DE CAMPOS DE FORÇA

FORÇAS PROPULSORAS → Peso 80 kg (20 kg acima do peso que desejo) ← **FORÇAS RESTRITIVAS**

Crença: todos na minha família são gordos. Eu também.

Crença: não consigo emagrecer.

Crença: emagrecer é sacrifício.

Comportamento: adoro comer chocolates.

Comportamento: não tenho tempo nem disciplina para comer nem para fazer exercícios.

Quero pesar apenas 60 kg Leves e agradáveis

Relembrando: para fins de um processo de mudança pessoal, damos prioridade a identificar como Forças Restritivas os aspectos internos, isto é, as crenças limitantes, os comportamentos inadequados ou os sentimentos negativos envolvidos na situação específica. Claro que pode haver outras forças externas a você que dificultam a realização de seus objetivos, mas não costuma ser produtivo considerá-las no processo de mudança pessoal. Por vezes, elas servem de desculpa para não se fazer nada.

Outras vezes, por serem muito menos importantes que as nossas próprias dificuldades internas, perdemos tempo e energia tentando lidar com elas. Entretanto, o motivo mais importante para não darmos foco aos fatores externos como Forças Restritivas reside no fato de que as objeções externas costumam refletir apenas as limitações internas. Ao eliminar as limitações autoimpostas, as dificuldades e limitações externas se dissolvem – por vezes, literalmente desaparecendo e, em outras, perdendo sua força original.

IDENTIFIQUE AS FORÇAS PROPULSORAS

Finalmente, nossa autoanálise deve incluir as forças que nos ajudam e ajudarão a processar a mudança, as Forças Propulsoras. É verdade que, por vezes, se torna difícil enxergá-las, mas, mesmo assim, elas sempre existem.

Como já vimos, qualquer que seja o problema ou a condição que estejamos analisando, sempre haverá um equilíbrio de forças: algumas ajudam e outras dificultam.

Da mesma forma, e pelos mesmos motivos de quando abordamos as Forças Restritivas, para fins de mudança pessoal é mais conveniente dar atenção às de caráter pessoal e deixar de lado, pelo menos a princípio, as condições externas.

- Quais crenças você tem que estão de acordo com a mudança que deseja?
- Que comportamentos (o que você já faz) o ajudam?
- Que sentimentos bons você tem quando imagina um cenário em que já venceu suas dificuldades e obteve a mudança que deseja?

Há boas notícias sobre isso: a primeira é que conhecer as Forças Propulsoras é muito bom para fins de autoconhecimento e confiança em si mesmo. No entanto, não é necessário elencá-las todas.

A segunda já é conhecida: o Fluxo Venturoso. Independentemente de você saber ou não da sua existência, ou saber ou não da influência dele sobre sua vida, ele continua e continuará sempre a soprar favoravelmente à sua prosperidade. Eliminar crenças limitantes já é uma forma de reduzir ou até cessar a resistência e aceitá-lo.

Finalmente, uma terceira boa notícia: há técnicas que podem ser usadas para facilitar essa aceitação e que, apesar de sofisticadas, são simples e fáceis de praticar, como a visualização mental e a oração.

CAPÍTULO 4

ANTES DE PLANTAR,
É PRECISO PREPARAR
A TERRA E RETIRAR
O INDESEJÁVEL

PASSO DOIS

REDUZA A RESISTÊNCIA

Uma vez realizado o levantamento de Forças Restritivas e Propulsoras, é chegada a hora de reduzir e até mesmo eliminar as restritivas, limpando a carga emocional das crenças limitantes, mudando comportamentos e tomando outras providências libertadoras.

Para isso, é fundamental entender que a esmagadora maioria das crenças que carregamos e que condicionam nossos pensamentos e comportamentos se formou à nossa revelia, isto é, inconscientemente e ao longo de nossa vida. São poderosas, sim, mas têm "prazo de validade" e podem ser eliminadas e substituídas.

Recebemos recentemente um *e-mail* com um texto que dizia mais ou menos o que segue: "Ninguém nasceu com preconceito de raça. As pessoas aprendem a ter preconceitos. Podem, portanto, desaprendê-los e aprender que as pessoas são iguais, independentemente de suas aparentes diferenças".

Parece óbvio, mas é um raciocínio importante: o que é o preconceito senão uma crença que limita nossas relações e o estabelecimento da paz entre todos nós?

Não há diferenças significativas entre as diferentes crenças que temos. Todas as crenças podem, portanto, ser trabalhadas, eliminadas ou substituídas por outras.

Há inúmeros modos de lidar com crenças, desde a psicoterapia tradicional e vários métodos de terapia breve até algumas técnicas de terapia energética desenvolvidas mais recentemente.

Há ainda outras ações e atitudes que facilitam em muito esses processos e que se baseiam muito mais em conhecimentos espirituais ancestrais, herdados de antigas culturas. Apresentaremos a seguir algumas delas, de modo que cada um possa escolher a forma que melhor soar a seu coração, sua alma e sua razão.

ABENÇOE E SERÁS ABENÇOADO

Analisemos duas histórias reais, descritas a seguir.

Victor Frankl, médico judeu austríaco, passou anos entre a vida e a morte em campos de concentração nazistas. Dessa experiência, saiu com uma visão aprimorada do ser humano que lhe permitiu desenvolver a Logoterapia, uma metodologia terapêutica psicanalítica. Seu livro *Em busca do sentido* descreve as agruras dos anos de escravidão com candura e compaixão por todos: companheiros de prisão e guardas nazistas.

Luis se suicidou em frente à namorada, a quem acusou de ser infiel.

Qual dos dois, Victor ou Luis, sofreu mais? É possível avaliar ou comparar sofrimentos em pessoas e ocasiões diferentes?

Em uma sociedade fundada na busca do prazer, fomos ensinados que devemos fugir dos sofrimentos e de todo peso que possa nos prender. Essa é uma forma de ver que imaginamos ser universal, mas não é. Embora o sofrimento seja uma experiência pela qual todos os seres humanos passam ao longo da vida, há diferentes formas de encará-lo, com consequências absolutamente distintas. A própria dimensão da dor é distinta para cada um. O que queremos dizer é que um mesmo sofrimento pode ser visto como pequeno ou grande em função do momento, das circunstâncias e, principalmente, dependendo de como o vemos.

E qual seria o sentido disso tudo?

Se adotarmos o pensamento materialista, a resposta é simples: nenhum. Afinal, para os materialistas, o mundo não tem um sentido, senão o de fugir do desagradável e buscar o agradável. Mas, se entendermos a vida como um processo de crescimento espiritual pelo qual todos estamos passando, as dificuldades assumem uma grandeza ímpar, um presente de valor inestimável. Há uma frase que merece reflexão: "o sofrimento é um professor cuja lição é a sabedoria".

Frente a isso, temos pelo menos três opções: podemos amaldiçoar o professor por acharmos que ele é duro demais e, com isso, perder a lição; podemos nos apaixonar pelo professor e igualmente esquecer a lição; ou, finalmente, podemos aprender a lição, agradecer o professor e continuar em frente. Em outras palavras, de acordo com a forma como encaramos as dificuldades, teremos as consequências. E sempre os únicos responsáveis por elas seremos nós.

Essas são opções de como encarar uma dor. Mas não há opção para o fato de que um sofrimento só se esvai de nossa alma quando a lição é aprendida. Ele pode mudar de forma, repetir-se em pequenas doses, aparecer e desaparecer intermitentemente, mas só termina ao cumprir sua missão.

Roberto Crema, terapeuta de almas e mestre da transcendência, certa vez nos trouxe uma imagem muito engraçada: "os bons gurus são como postos de gasolina nos quais podemos abastecer e seguir viagem. O problema é que tem gente que, depois de abastecer, fica rodando em torno do posto e esquece do melhor: a viagem". Infelizmente, é o que ocorre com os que optam pelas duas primeiras alternativas. Odiar ou amar os sofrimentos redundam em nada. Energia é despendida e desperdiçada. Cavamos um buraco para tapar outro e ficamos com dois buracos.

Para que uma lição possa ser aprendida, é fundamental um estado de não julgamento. Não se trata de ignorar ou desqualificar a dificuldade, mas olhar para ela sem paixão: não é boa nem má, é apenas um problema que traz em si uma resposta. Só a partir dessa visão será possível perceber o ensinamento que a resposta nos traz e liberá-la de sua missão. Muitas vezes, esse ensinamento é visível e cristalino; em outras, imperceptível. Algo se move em nós, e não sabemos exatamente o quê. Mas, mesmo invisível, esse movimento imprescindível para a cura é o bastante.

Nesse sentido, há uma forma muito simples para abrir esse espaço que é, ao mesmo tempo, de isenção e atenção: a bênção.

Ao depararmo-nos com uma dificuldade, podemos abençoá-la e abençoar todos os que contribuem para ela. Ao abençoar, não estamos nem concordando nem discordando. Nós reconhecemos a existência do problema e as pessoas que estão envolvidas com ele e as banhamos com a única energia que transforma e constrói: o amor. (Sentimo-nos tentados a escrever "amor incondicional", mas que amor não é incondicional? Seria uma redundância, não é?).

Através da bênção, os sentimentos a respeito do problema, que jaziam cristalizados em nós, se movimentam. Por um momento que seja, será impossível o julgamento dos que supostamente nos prejudicaram. E, nesse instante sem críticas, um ato de abençoar abre uma janela de tempo para a cura, para o aprendizado, para a liberação das amarras.

> *Gerson sofria regularmente com erupções de herpes nos lábios, o que o deixava irritado a partir do momento em que constatava o início do processo infeccioso. Quem a conhece, sabe que essa doença emerge sempre que a resistência imunológica do indivíduo está baixa e, uma vez instalada, não retrocede, devendo cumprir um ciclo completo de surgimento de bolhas que se rompem, formando feridas que, finalmente, secarão. Esse ciclo requer, minimamente, cinco dias. Ao conhecer o poder da bênção, Gerson mudou a forma de receber o herpes. Ao notar os primeiros sinais de uma manifestação do vírus, ele passou a fechar os olhos e abençoá-lo, agradecer sua presença e liberá-lo, deixando claro que ele não é mais necessário. Desde que adquiriu esse novo hábito, as erupções passaram a ser de menor porte, um pequeno ponto que pouco o incomoda[6].*

Ou seja, para a transformação das Forças Restritivas, abençoá-las é um primeiro passo necessário e eficaz.

---

[6] Recomendamos a ele tratar-se com EFT, uma vez que há diversos casos relatados de sucesso, com a diminuição e o espaçamento entre as manifestações do vírus.

COMO ABENÇOAR

O verbo abençoar, que tem abendiçoar como forma alternativa, tem origem no grego *eulogeo*, que remete à ideia de desejar o bem a alguém. Abençoar significa, portanto, lançar bênçãos a alguém, benzer, bendizer, tornar feliz e próspero. Na prática da benção, há uma conversão de sentimentos, de animosidade em fraternidade, por exemplo. Abençoar é simples. Requer apenas que digamos, sem ironia e sem julgamento:

"Eu abençoo essa dor."

"Eu abençoo você."

"Eu abençoo..."

Enfim, é exercitar – por um momento que seja – o amor incondicional.

Gregg Braden, baseado em textos sagrados que foram recentemente recuperados em escavações arqueológicas, recomenda uma sequência para o processo da bênção. O que apresentamos a seguir é uma adaptação dessa recomendação. Mas lembre-se: uma bênção é sempre uma bênção e pode – e deve – ser feita como o coração mandar.

Primeiramente, Braden sugere que façamos uma pergunta a nós mesmos: "Quero realmente abençoar essa dificuldade e abrir mão de julgá-la, de buscar reparação e desforra?". Se a resposta for sim, continue. Se for não, abençoe-se e investigue por que você ainda escolhe apegar-se aos sentimentos que conduzem àquele sofrimento. Só depois de entender isso, já com menos peso nos ombros, vá para o ritual da bênção que se segue.

Em seguida, vamos abençoar a dificuldade que temos. Já vimos que um problema é a diferença entre o que é e o que deveria ser. Assim, começamos abençoando tanto o que somos quanto o que queremos ser. Depois, abençoamos as crenças que nos mantêm presos ao estado que queremos mudar. Lembre-se de que elas o ajudaram a chegar até aqui, pois mesmo na limitação há uma lição preciosa.

A seguir, olhamos com compaixão e abençoamos as testemunhas, todos os que possam estar ligados ao problema em si, incluindo os que eventualmente tenham sido prejudicados por ele.

Finalmente, a bênção deve ser dada a nós mesmos, posto que somos os únicos responsáveis pelo problema e pela solução que se avizinha.

Abençoar é trazer luz. Abençoar é abrir a porta da cura. Abençoar é ir muito além do certo e do errado, do bom e do mau. Abençoar é uma janela para o Bem.

Abençoar é um passo fundamental para a prosperidade total.

APAGUE AS CRENÇAS INDESEJADAS

Por causa de sua facilidade de autoaplicação, sua eficiência e rapidez de resultados, bem como por ser aplicável em quase todas as áreas cobertas pela terapia tradicional, recomendamos a técnica de EFT porque ela funciona como um excelente apagador de crenças indesejadas.

Sua aplicação se estende de um simples caso de dor física de origem conhecida a traumas emocionais com causas encobertas ou conhecidas. Apesar de entendermos o grande poder de mudança de crenças que a EFT possui, foi somente quando a colocamos na prática que esse entendimento se transformou em convicção.

O que mais chama a atenção, mesmo não sendo o aspecto mais importante da EFT, é a velocidade com que os resultados aparecem. Ainda que não se deva esperar que tudo se resolva em minutos, não é raro depararmo-nos com situações que não passam de uma única sessão. No entanto, reiteramos que o mais importante não é a velocidade, mas a eficiência do método. Ao lidarmos com uma crença limitante, podemos praticamente zerar o seu poder de influenciar nosso comportamento e nossas ações. Quando lidamos, por exemplo, com a dificuldade de dirigir que alguns motoristas licenciados têm, por vezes encontramos algumas crenças como problema-raiz: coisas como "dirigir é perigoso", "sinto-me poderosa demais da conta quando dirijo, e isso é perigoso para os outros", "tenho a mesma dificuldade que minha mãe tinha", "minha habilidade para lidar com aspectos espaciais é muito limitada", entre outras. Quando aplicamos EFT para cada situação, as crenças são neutralizadas e substituídas por outras mais libertadoras, as emoções negativas tornam-se positivas, e a pessoa simplesmente passa a dirigir sem medos.

Retomando o caso de emagrecimento, nessa situação podemos afirmar que as três crenças indicadas no Diagrama de Campos de Força podem ser limpas e substituídas por outras. Não há dúvida de que crenças como", "posso ser magro", "herança genética não é destino", "eu consigo emagrecer sem maiores sacrifícios" e "emagrecer é um jogo em que posso ganhar muito" podem ajudar muito mais no alcance de objetivos de saúde que aquelas. Mesmo o comportamento de consumir chocolate sem medida, uma compulsão disfarçada de simples prazer, pode ser eliminado em pouco tempo.

Qualquer que seja a crença, se ela determinar o que você não pode conseguir, vale a pena trabalhá-la pelas EFT, mesmo aquelas que nos chegam pelas mãos sábias de especialistas, na melhor das intenções e no melhor de seus conhecimentos.

Aconteceu com uma amada amiga nossa. Seu cardiologista, excelente profissional, após analisar os resultados dos vários exames realizados, concluiu que sua carótida estava com 50% de entupimento, o que impedia o livre fluxo do sangue. Até aí, uma informação importante, necessária e corretíssima. A seguir, ele receitou um remédio, mas alertou que o efeito esperado era a manutenção do nível de entupimento e que ela não deveria ter esperanças de reduzir ou eliminar os males que impediam o perfeito funcionamento daquela artéria.

Nenhuma crítica cabe aqui, do ponto de vista técnico. Esse é, provavelmente, o limite que o fabricante do remédio informa ter obtido na maioria dos testes realizados em pacientes. Normalmente, os testes de validação de remédios constatam que, como as pessoas reagem diferentemente aos medicamentos, alguns poucos pacientes têm uma reação menor, enquanto outros, a maioria, obtêm benefícios moderados. Finalmente, para outro grupo de poucos privilegiados a ação medicamentosa é muito superior. Os fabricantes, então, indicam como resultado normal aquele que a maioria das pessoas obteve ou a média dos resultados, desconsiderando os poucos que não tiveram nenhum ou pouco benefício e os que foram beneficiados muito acima da média.

Olhando por outro lado, ao comunicar o efeito medicamentoso dessa forma, com a credibilidade que tem todo médico especialista a quem confiamos nossa saúde, ele limitou a possibilidade de haver uma desobstrução da artéria, seja por efeito do próprio remédio – o que sempre é possível –, seja pelo poder do pensamento e da crença na cura. Como poderia ela se curar, se crê que jamais sua artéria voltará a fluir normalmente?

A maioria dos médicos com alguma experiência clínica sabe e concorda que crer na cura é tão ou mais importante quanto o remédio em si. Portanto, qualquer que seja o caso, se há alguma esperança de cura, ela sempre dependerá de uma firme crença positiva. Mal não fará.

A EFT é uma excelente técnica para a reversão da desesperança em esperança. Ao retirar a força de uma crença negativa, a EFT abre possibilidades em situações em que só havia limitações.

OUTRAS TÉCNICAS

Sem nos alongarmos no tema, queremos só ressaltar que há outras formas de reduzirmos as resistências ao Fluxo Venturoso e à Prosperidade Total que ele nos traz e inspira.

Sem se referirem explicitamente ao fluxo e seguindo lógicas muito diferentes, há outros métodos terapêuticos que lidam com a Prosperidade Total, limpando lembranças, memórias, imagens e outras energias.

O Ho'Oponopono, por exemplo, se propõe a limpar as memórias e lembranças coletivas através de orações, mantras, mentalizações, perdão e amor, bem como através de práticas simples, como o uso de água azul solarizada.

Podemos destacar ainda a HQE (Homeostase Quântica da Essência), técnica desenvolvida pelo prof. Sérgio Roberto Ceccato Filho com base na física quântica e que, por meio de frases elaboradas dentro de parâmetros definidos em exaustivas pesquisas, propõe a transformação das informações geradas e recebidas (sentimentos, emoções, crenças, hereditariedades, condicionamentos etc.), eliminando aquelas que geram as diferentes dificuldades para o pleno viver, como as doenças físicas, emocionais, dificuldades afetivas, autossabotagem e outros. Essa transformação proposta pela HQE é, em outras palavras, a eliminação do que no Método G2K denominamos Forças Restritivas. A HQE tem se mostrado uma técnica poderosa, e aos interessados recomendamos conhecê-la. Para mais informações, procure o *site* do Instituto Quantum: http://www.institutoquantum.com.br/.

Outra técnica extremamente eficaz é a Constelação Familiar, que, ao identificar "emaranhamentos familiares" gerados por nós mesmos ou herdados do passado de nossa família, busca conciliar amorosamente tais emaranhamentos e, com isso, liberar as oportunidades.

Há outras, certamente. Se ao longo das poucas linhas deste tópico estimulamos a curiosidade de conhecer essas e outras tantas terapias existentes, cumprimos nossa intenção.

CAPÍTULO 5

ADUBE E REGUE SEU JARDIM COM FREQUÊNCIA, SE QUISER VER AS FLORES

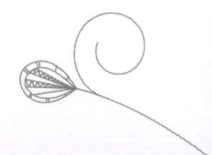

PASSO TRÊS

REFORCE A PERMISSÃO

Com a simples aplicação das EFT nas crenças limitantes já são obtidos resultados surpreendentes, e avanços em direção ao desejado podem ser notados, especialmente se, na aplicação, crenças mais libertadoras forem incorporadas.

Porém, independentemente disso, é imprescindível uma etapa a mais, dada a possibilidade que ela traz de reforçar ainda mais a clareza do objetivo perseguido.

A intenção geral é de que haja uma substituição dos pensamentos e crenças, que foram limpos na etapa anterior, por outros pensamentos e crenças mais libertadores e que alavanquem o sucesso pretendido.

Nessa fase, tanto reforçaremos as Forças Propulsoras já existentes quanto implantaremos outras ainda não presentes, mas que também farão a mudança acontecer. São antigas forças "novas" que agirão em favor da mudança.

Nossa sugestão é olhar criticamente para as Forças Propulsoras, identificando quais delas – se reforçadas – poderão ajudar. É possível, ainda, descobrir outros comportamentos ou atitudes que não fazem parte da equação, mas podem ser introduzidos, aumentando assim a velocidade da mudança.

Se, como escrevemos antes, nenhuma Força Propulsora tiver sido identificada, não se preocupe. Vamos lidar com aquelas que certamente farão a diferença.

Independentemente de termos encontrado ou não algumas Forças Propulsoras de caráter individual e pessoal, há duas forças que sempre estarão ao nosso dispor para que possamos fazer o movimento de mudança. Uma delas é o Fluxo Venturoso, a outra é a Intenção Focada, às quais nos referimos anteriormente.

O FLUXO VENTUROSO

Anteriormente, já falamos sobre a existência do Fluxo Venturoso, que, em outras palavras, é a maior e mais poderosa Força Propulsora com que poderíamos contar. É como um vento divino que empurra nosso barco sempre na melhor direção e que, quando o mar está bravio, modula sua força e sopra ainda mais forte, protegendo-nos.

Aceitar sua força e direção facilita muito a consecução de nossos objetivos, desde que eles estejam alinhados com a prosperidade total.

Essa é uma Força Propulsora em que pouco temos a fazer, além de aceitá-la e a ela entregar-nos. Esses gestos acabam por nos induzir a comportamentos e pensamentos diferenciados: alegria, compaixão, desapego, equanimidade, amor, não julgamento. Além disso, auxilia-nos a transmutar raiva, ódio, inveja, cobiça, solidão e outros sentimentos que nos amargam a vida e entristecem a alma.

O Fluxo Venturoso é a primeira grande Força Propulsora com que todos podem contar, portanto.

A INTENÇÃO FOCADA

Já sabemos que pensamentos, sentimentos e crenças consistentes criam realidade. Escolher pensamentos e crenças é escolher a realidade que se quer viver; não escolhê-los é estar sujeito a viver a realidade que você não quer, o que costuma ser perigoso, apesar de frequente. Pior ainda é viver a realidade que os outros escolhem para você viver.

Os pensamentos são quase inevitáveis. Só com a prática regular da meditação é possível pará-los. No mais das vezes, é como se tivéssemos macaquinhos a pular de galho em galho em nossa cabeça, falando, falando... Esses discursos internos são exaustivos especialmente nos momentos de crise. A ansiedade os amplifica.

O medo os torna alucinantes. Frente a um problema, eles entram em *loop* constante, isto é, como um disco riscado, repetem-se incessantemente, até a exaustão. Alguém não passou por isso? Não queira.

A escolha dos pensamentos é, portanto, o ponto de partida para assumirmos a liderança sobre nossa vida.

Não sabemos dizer se feliz ou infelizmente, pensamentos e crenças são diferentes de um liquidificador que compramos na loja.

Deste, escolhemos a cor, a marca, o modelo e a voltagem, pagamos, conferimos se embrulharam o produto certo e, uma vez instalado em casa, sabemos que ele será sempre o mesmo: da mesma cor, modelo, marca e voltagem. Com os pensamentos não é assim.

A escolha dos pensamentos e crenças é um exercício constante, do acordar ao deitar. Há quem proponha que até durante os sonhos seja possível e devamos fazê-lo, pois viagens astrais são também para isso. Esse é um exercício que, à medida que o tempo passa, fica mais e mais fácil, tornando-se automático.

A Intenção Focada é uma expressão que usamos para representar toda e qualquer forma de usar o poder das crenças, dos pensamentos, das imagens, das palavras, dos sentimentos e da emoção a favor de uma mudança. Técnicas como a das Afirmações Positivas e a da Visualização são formas de Intenção Focada muito difundidas. A oração, ainda mais conhecida, também é, embora seja muito mais associada ao ritual religioso.

Cremos que essas três ferramentas têm aspectos muito semelhantes e podem ser utilizadas separadamente, com bons resultados. Nossa sugestão é que sejam usadas todas, de modo coerente e consistente. Para melhor compreender nossa proposta, há algumas considerações que gostaríamos de apresentar.

AFIRMAÇÕES POSITIVAS

Já é por demais conhecido o poder das afirmações para atrair a realidade que desejamos. Louise Hay, Napoleon Hill, Abraham e tantos outros já escreveram e falaram exaustivamente sobre o impacto que têm as palavras repetidas constantemente. Aliás, esse conceito é antiquíssimo, havendo quem seja capaz de citar diversas passagens bíblicas que o referendam e outros que afirmem que Buda também nos ensinava o mesmo. O filme *O segredo* é uma interessante fonte para a compreensão do processo.

As afirmações positivas são, enfim, um excelente caminho para firmar pensamentos e crenças mais condizentes com uma realidade próspera.

Como já alertávamos anteriormente, há que se reconhecer que muitos de nós já utilizamos afirmações e pensamentos positivos no passado e nem sempre tivemos resultados entusiasmantes. Além disso, em certas ocasiões, fomos até "convidados" a desistir e descrer da técnica, pois aparentemente ela se mostrou absolutamente ineficaz. Muitas vezes, julgamos que não fomos suficientemente persistentes ou que nos faltou a tal força de vontade. Enfim, um certo sentimento de culpa fica no fundo da alma – mais alimento para as crenças limitantes.

Gary Craig, o genial criador das EFT, em um *workshop* chamado EFT *to the Palace of Possibilities*, trouxe uma luz para esse paradoxo aparente. Diferentemente do que alguns autores preconizam, Gary explica que uma afirmação tem sua eficácia relacionada à credibilidade que ela tem, especialmente no nível subconsciente. Insistir na repetição sem fim de uma afirmação não garante que sua intenção prevaleça e pode até gerar efeito contrário.

Uma dada afirmação, mesmo fazendo todo o sentido para sua mente consciente, pode gerar desconfiança no subconsciente. Nesses casos, ocorre o que ele chama de Tail Ender, um conceito muito bem estabelecido e firmado na técnica EFT. Um Tail Ender é aquele rabinho de desconfiança que acrescentamos quando não confiamos plenamente em algo. É o que vem depois do "sim, mas...". Ele espelha que não concordamos plenamente com a frase.

Experimente. Diga em voz alta: "eu tenho total abundância em minha vida".

Como você sentiu a frase? Ela soou plenamente verdadeira, ou terá havido um rápido pensamento "corrigindo" a frase? Algo como: "sim, é verdade, mas ainda me falta tal coisa para ser verdade totalmente".

Se isso ocorreu, não se preocupe: é absolutamente normal. O único problema é que a afirmação verdadeira é o Tail Ender[7], isto é, o que na verdade estamos sentindo, vibrando e atraindo é o contrário do que dizemos. No exemplo, em vez de sentir, vibrar e atrair abundância, nós sentimos, vibramos e atraímos a falta. Afinal, vibramos, atraímos e criamos a realidade de acordo com o que sentimos. A existência de um Tail Ender denuncia um sentimento negativo que reflete uma crença profunda e disfarçada.

Enfim, a existência de Tail Enders está diretamente relacionada à existência e à força dessas crenças limitantes. As formas de lidar com, contornar e eliminar um Tail Ender serão assunto que veremos mais à frente.

Outro aspecto ao qual é crucial prestar atenção é o sentimento que acompanha os pensamentos. Aplicando o que aprendemos com os ensinamentos de tantos autores, como Abraham e Catherine Ponder, corroborados pelas pesquisas de Gregg Braden, temos de prestar atenção e escolher os melhores sentimentos que acompanham as afirmações. Cremos que um sentimento negativo seja o próprio Tail Ender, ou pelo menos a forma com que um Tail Ender se expressa em nossa vida.

Prestar atenção ao que realmente estamos sentindo é, portanto, um primeiro passo necessário para melhorar a eficiência de nossas afirmações.

---

[7] *Tail Ender* é um termo de difícil tradução para o português. Creio que, na nossa cultura, a imagem que melhor exemplifica o termo é "rabiola de chumbo". Isso porque a maioria sabe o que é a rabiola de uma pipa: aquele rabo, um pedaço leve de papel ou plástico que permite à pipa ter estabilidade no voo. Imagine agora uma rabiola pesadíssima, de chumbo. A pipa voaria? É o que um Tail Ender faz com as Afirmações Positivas: impõe seu peso e as impede de "voar".

Assim considerando, a técnica das Afirmações Positivas implica algumas etapas:

1ª Criar uma frase que represente a prosperidade total (ou um dos aspectos dela) que você deseja;

2ª Avaliar o quanto ela é verdadeira (se há Tail Ender);

3ª Eliminar (ou contornar) o Tail Ender;

4ª Repeti-la sempre que possível;

5ª Manter a confiança.

COMO CRIAR UMA AFIRMAÇÃO POSITIVA

Há um conjunto de regras muito simples que orientam a formatação de uma Afirmação Positiva. São elas:

a) Uma afirmação deve expressar o que você deseja ser/ter ou fazer, jamais o que você poderia ser/ter/fazer. Se você gostaria de ter sido uma bailarina profissional, isso não importa muito para a formatação de uma afirmação. O importante é o que você quer efetivamente;

b) Uma afirmação deve expressar o que você quer, jamais o que você não quer. Já vimos que o único movimento que há é o da atração daquilo que vibramos para o nosso campo vibracional. Recusar algo não tem o efeito de exclusão, mas de atração. Por exemplo, o medo (consciente ou subconsciente) de adoecer atrai condições para a doença se instalar. Da mesma forma, repetir a afirmação "não quero ficar doente" só pode atrair condições para a doença, jamais para a saúde. Regra geral: os pensamentos e crenças apenas atraem fatos, jamais os repelem. O significado semântico de uma frase pouco importa. O que define qual fato será atraído é o foco que ela traz, sempre;

c) Uma afirmação deve ser grande o suficiente para desafiar e entusiasmar. Desejar pouco só para não correr o risco de frustração é absoluta crença no fracasso. Pense grande. Repetindo o poeta Fernando Pessoa, "tudo vale a pena quando a alma não é pequena";

d) Uma afirmação deve ser realisticamente possível, isto é, algo em que seu subconsciente possa acreditar. Isso ajuda a evitar os Tail Enders. Uma forma de conseguir o equilíbrio entre a regra anterior e esta é definir objetivos intermediários, como etapas a serem cumpridas para atingir um objetivo muito maior. Isso ajuda a ver progressos e a contornar as desconfianças que os Tail Enders denunciam;

e) Uma afirmação deve estar com o verbo na primeira pessoa do tempo presente. Ela deve ser expressada como se o desejo já tivesse se concretizado. Isso ajuda a evocar emoções positivas, que são uma grande alavanca para as mudanças que buscamos. Em vez de "serei respeitada pelo meu companheiro", é mais eficaz a afirmação "sou respeitada pelo meu companheiro";

f) Uma afirmação deve contemplar as mudanças em sua vida, jamais na de outras pessoas. Por vários motivos, afirmações jamais devem ser usadas para manipular a vida dos outros. Para começar, qualquer manipulação é antiética e, depois, inútil, pois cada um de nós tem o poder de controlar a própria vida e só a própria vida;

g) Uma afirmação deve ser mantida em confidencialidade. Não conte para outras pessoas suas afirmações. Não se exponha a críticas que possam fortalecer Tail Enders.

OBSERVE O PROCESSO SEM JULGÁ-LO

Como vai acontecer e quando vai acontecer não devem ser assuntos para criticar e nos quais ficar pensando. Nem sempre o universo realiza as coisas da forma como imaginamos, e nunca conseguiremos imaginar todas as maneiras de que ele dispõe para realizar o desejado. Nosso conhecimento sobre como tudo isso funciona ainda é muito pequeno. É uma questão de ter a humildade de reconhecer isso e aguardar em paz.

AVALIE O QUANTO ELA É VERDADEIRA

Uma vez criada a afirmação, leia-a em voz alta e perceba o que sente: você acredita nela plenamente, ou aí há um "bem, sim, mas..."? Essa é a melhor forma de identificar um Tail Ender. Se identificar um deles, não se apavore. Passe para a etapa seguinte.

ELIMINE OU CONTORNE O *TAIL ENDER*

Há duas formas de lidar com esse entrave:

a) EFT: todo Tail Ender denuncia a existência de uma crença limitante. Assim, se conseguimos identificar essa crença limitante, é possível usar EFT e apagá-la, podendo-se substituí-la por crenças libertadoras. Essa é a melhor forma de lidar com os Tail Enders;

b) técnica do "estou em processo": é só acrescentar uma das seguintes expressões ao início da afirmação: "estou em processo de...", "decidi que...", "sinto-me feliz em...", "adoro sentir que...". Essa técnica permite que se torne uma afirmação realmente verdadeira sem tirar dela a força necessária para a ação.

REPITA-A SEMPRE QUE POSSÍVEL

A repetição da afirmação de modo consistente gera crenças e libera emoções, como se o desejo já tivesse ocorrido, condições básicas para que se torne realidade. Para isso, aproveite o tempo que normalmente você estaria perdendo em filas, no trânsito ou ouvindo gente amarga falar mal do vizinho. Repita-a das mais variadas formas: como se fosse uma notícia de jornal ou cantando, como poesia. Seja criativo, brinque. Isso escancarará a porta de entrada do subconsciente para a afirmação.

MANTENHA A CONFIANÇA

Uma vez que reconhecemos que os sentimentos que acompanham uma afirmação devem ser coerentes com ela, algumas perguntas se impõem: qual é o sentimento verdadeiro neste momento? Estou confiante de que a mudança já está acontecendo, ou estou ansioso e desconfiado?

Há uma frase de que gostamos muito por conter um paradoxo intrigante, que nos faz pensar: "Não deixe que os fatos deturpem a realidade". Como seria possível um fato deturpar a realidade? Não seriam quase sinônimos? Não. Com essa frase, podemos lembrar que aquilo que chamamos de fatos é, na verdade, a nossa interpretação do que percebemos. Nem sempre essa interpretação da realidade tem a ver com a realidade mais profunda. Em nossas leituras, tropeçamos com outra frase, essa de Mike Todd: "Nunca fui pobre, apenas não tinha dinheiro. Ser pobre é um estado de espírito. Não ter dinheiro é questão de tempo".

Nada mal para um paupérrimo filho de imigrantes poloneses que acabou fazendo fortuna na construção civil e, depois de altos e baixos, firmando seu nome como uma referência na indústria cinematográfica norte-americana pela ousadia e pela criatividade.

Enfim, o que queremos ressaltar aqui é a necessidade de relativizar os fatos como aparecem hoje e ter confiança profunda na realização de seus sonhos. Considere que sempre há e haverá um espaço de paz, abundância, harmonia, saúde e cura em qualquer situação e a qualquer momento. Mesmo em meio aos maiores conflitos há algo que condiz com o melhor e tem a ver com o que desejamos. Mesmo que as aparências apontem para o pior, sempre será possível ver beleza em cada momento.

Nesse sentido, as afirmações positivas que escolhemos nos auxiliam, apontando para um destino desejado do qual não podemos desistir por causa de percepções limitadas pelas crenças.

Outra forma de obter reforço para suas intenções de mudar pode ser encontrada na oração.

O PODER DA ORAÇÃO

As mais atuais referências sobre o poder e a forma mais eficiente das orações vêm de Gregg Braden. Esse pesquisador teve a oportunidade de viajar pelo mundo buscando compreender como as antigas tradições entendiam as orações e se havia uma forma de orar que trouxesse melhores resultados mais facilmente. Citando o que viu entre os monges budistas do Tibete e os índios Hopi na América, nos textos originais e sagrados da Bíblia, em textos essênios e muitos outros, Gregg conseguiu perceber uma linha comum em todos eles. Mais que isso, dada sua formação científica e seu acesso a diversos centros de estudos, ele demonstra que os conceitos e práticas de tais tradições se respaldam em resultados de pesquisas realizadas no âmbito da Física Quântica. Em resumo, eis a seguir o que Gregg aprendeu.

ORAÇÃO É O SENTIMENTO

Não são as palavras ou os gestos que fazem de uma oração um meio de comunicação com a vida, mas os sentimentos que ela evoca. Uma oração é tão mais forte quanto a coerência entre as palavras, os pensamentos e os sentimentos envolvidos na oração, bem como é tão mais forte quanto mais incorporada – através dos sentimentos – à forma de viver o dia a dia. Nesse sentido, a certeza absoluta de que o desejo pelo qual se ora já se realizou em algum plano da criação é talvez o mais importante dos sentimentos. Seja ele uma cura, a obtenção de algo, um encontro ou até mesmo uma mudança climática, é fundamental haver o sentimento emocional e mesmo a sensação corporal de que a oração já surtiu efeito.

Ele reitera o que já havíamos ressaltado anteriormente: todo sofrimento tem seu valor pela oportunidade de aprendizado que exige de quem sofre. Por outro lado, sofrer tem pouco a ver com o que parece ocorrer, mas muito a ver com a interpretação que damos para os fatos. Isso permite relativizar os fatos atuais em favor da mudança para uma realidade que, aparentemente, ainda não se realizou, mas precisa ser gestada no calor de um sentimento positivo de gratidão e segurança.

O PRIMEIRO PASSO DE UMA PRECE EFICIENTE É A BÊNÇÃO

Uma oração tem maior poder quando suspendemos todo e qualquer julgamento e aceitamos a vida como ela é. Só então podemos atuar para modificar a realidade. Isso requer, portanto, total ausência de julgamento e crítica. Ao abençoar a dificuldade por cuja solução desejamos orar, suspendemos temporariamente nossa tendência de julgar e excluir tal dificuldade de nossa vida. Assim, podemos usufruir das vantagens da dificuldade e transcender, optando pela realidade mais adequada. Esses foram os motivos pelos quais incluímos a bênção como uma etapa fundamental para a eliminação das Forças Restritivas e no lidar com as crenças.

Acreditamos que há sempre um sentido na vida e nas dificuldades pelas quais obrigatoriamente passamos ao longo dela. É impressionante a calma que se estabelece ao compreendermos o equilíbrio, a justiça e o sentido – enfim, a beleza que há em cada dificuldade, em cada dor. Perceber o porquê de passar por isso é aceitar que nada é o que é por acaso ou por vontade sádica de Deus.

Vale ressaltar que, quando falamos em beleza, esta nada tem a ver com o padrão estético que a sociedade tenta nos impor, mas sim com aquela que já reside em qualquer situação ou pessoa. A capacidade de ver beleza nas mais desafiadoras aparências nos permite uma liberdade imensa de optar pelos resultados que desejamos, facilitando as mudanças pelas quais oramos.

A ORAÇÃO É ALGO PESSOAL

Não há fórmulas universais. Cada um pode optar por orar seguindo sua própria orientação, o que facilita muito a coerência entre o pensamento que orienta a oração e o sentimento que faz a comunicação com a vida. Vale lembrar que a oração, quando incorporada ao dia a dia, torna-se poderosíssima, uma onda arrebatadora de amor e criação.

De acordo com Gregg Braden, são esses aspectos que fazem das orações ancestrais uma verdadeira "tecnologia" para influir na realidade. São essas as características que ele identificou tanto nas artes indígenas de "rezar a chuva" quanto nos rituais budistas e nos textos bíblicos.

Aliás, não podemos dizer que as conclusões de Gregg Braden sejam exatamente uma novidade para quem estuda os processos da prosperidade, pois, de forma diferente, já encontrávamos citações sobre a importância do sentimento no processo de atração/criação da realidade em livros clássicos, como *Leis dinâmicas da prosperidade* (Catherine Ponder) e *Peça e será atendido* (de Abraham, por Esther Hicks). Pensamos que a grande contribuição de Gregg Braden foi obter confirmação em fontes ancestrais e preservadas e sistematizar o processo de oração de uma forma simples e completa, tudo ao mesmo tempo. E isso é muita coisa.

Mais que apenas atrair situações já existentes, a oração permite criar ou cocriar a realidade desejada pela ação de um completo alinhamento entre o Pensamento, responsável pela direção do processo; a Emoção do Amor, que traz a energia necessária para a realização das mudanças desejadas; e os Sentimentos, estes sim os grandes responsáveis pela comunicação entre aquela consciência individual e a matriz universal, a fonte das possibilidades, a grande Consciência Cósmica.

É esse alinhamento emocional que dá foco à intenção e torna inescapável a criação da realidade desejada. O desalinhamento, ao contrário, pode não apenas tornar os esforços inúteis, como também causar a manutenção da situação indesejada. Por exemplo, se quem orar por abundância de bens o faz para fugir da pobreza, a emoção que prevalece é, sem dúvida alguma, o medo, antítese do amor, e o sentimento responsável pela comunicação é o de que tudo falta, pois ele vive ou pode viver na pobreza. Assim, a comunicação será pautada pela pobreza, e, mesmo usando palavras e pensamentos de abundância, a resposta do universo será de pobreza.

Outro aspecto que deve ser considerado é decorrência daquela primeira conclusão: a oração é sentimento. Se, consciente ou inconscientemente, temos sentimentos durante todo o dia, podemos dizer que oramos o tempo todo. Se o sentimento de abundância só prevalece durante os poucos minutos que dedicamos à oração e cede lugar para o sentimento de falta e abandono durante o resto do dia, então não deveríamos estranhar que recebemos apenas "poucos minutos" de abundância e "intermináveis horas" de falta e abandono. Nossa capacidade de criar uma realidade próspera está vinculada à nossa capacidade de manter o alinhamento emocional próspero durante o máximo de tempo possível.

Diferentemente do que se possa imaginar, essas conclusões não são especulações bem intencionadas, mas fruto de observação prática e metodológica. Nas décadas de 1980 e 1990, foram realizados dezenas de experimentos que consistiam em observar os efeitos da meditação coletiva em um determinado aspecto de uma dada comunidade. Em poucas palavras, enquanto um grupo de pessoas treinadas meditava pela paz, indicadores de violência – como assassinatos, mortes em trânsito etc. – eram acompanhados, buscando-se uma correlação entre os dois fatos. A conclusão foi de que havia, sim, uma relação positiva: enquanto os meditadores vibravam pela paz, os índices de violência diminuíam. Esse efeito perdurava por algum tempo após o término da experiência, mas tendiam a retornar aos níveis anteriores em seguida. Em Washington D.C., a experiência contou com 4 mil meditadores durante 30 dias e foi supervisionada por institutos de pesquisa ligados à polícia local e ao FBI[8].

O segredo de sua eficiência reside, enfim, em assumirmos imediatamente aquilo que pretendemos ter ou ser. Devemos nos tornar o que queremos, sentir gratidão pela cura já realizada, pela abundância que já temos, pelo amor de que já desfrutamos.

Vale recordar uma frase atribuída a Santo Agostinho: *"Milagre não é algo que acontece quando as leis da natureza falham e algo de extraordinário ocorre. Milagres acontecem quando leis da natureza que não conhecemos funcionam".*

---

[8] O assunto é fascinante e muito extenso. Para um aprofundamento no assunto, recomendamos a leitura dos livros *Segredos de uma forma antiga de rezar*, *A matriz divina* e *O efeito Isaías*, todos de Gregg Braden (Editora Cultrix), bem como de *A física da alma* e *Criatividade quântica*, do dr. Amit Goswami (Editora Aleph).

O EFEITO PODEROSO DA VISUALIZAÇÃO

Vamos começar com uma história real.

Guilherme, aos cinco anos de idade, em uma festa na empresa onde sua mãe trabalhava, ouviu que haveria um sorteio de um aparelho de DVD, além de uma bola oficial de futebol e vários outros presentes. Logo que chegaram ao local da festa, ele disse á sua mãe:

- Mamãe, eu quero ganhar o DVD para assistir filmes no meu quarto. Aquele aparelho de DVD vai ser meu, já sei até o lugar onde ele vai ficar!

- Guilherme, meu filho, há muitas pessoas concorrendo ao DVD, portanto, não é assim que se deve pensar, querendo para você o que vai ser sorteado. Espere e verá, sem ansiedade...

Ele a cortou, bruscamente, dizendo:

- Claro, mãe, que posso querer! Se vai ser sorteado, posso querer... E vai ser meu! E a bola também!

- Guilherme, se você ganhar um presente, não poderá ganhar o outro, pois o seu cartão com o número do sorteio fica com eles, você não concorre uma segunda vez.

- Mãe, eu tô falando que vou ganhar a bola e o DVD!

- Você é sempre teimoso, Gui, nem dá para falarmos quando deseja alguma coisa. Precisa aprender que a vida não é assim; querendo as coisas nem sempre vai consegui-las.

- Mas vou, sim!

Guilherme finalizou a conversa, firmando seu pensamento e não se submetendo às hipóteses da mãe, de não sair vitorioso. Na hora do sorteio do DVD, seus olhos brilhavam e, novamente, ele ressaltou:

- Mãe, olha aí, ele vai dizer o nosso número!

E realmente foi o número do cartão de Guilherme que o sorteador pegou naquela urna. O grito de "Yes!" da criança ao ouvir o chamado foi espetacular, deixando a todos estarrecidos.

Quando Guilherme chegou com o aparelho de DVD nas mãos, entregue pelo organizador do evento, disse à sua mãe:

- Agora só falta a bola!

- Não há mais a possibilidade, filho, de ganhar a bola. Como disse antes, sua senha ficou com ele, você não concorre mais...

- Mas vou ganhar a bola, mãe!

- Está bem, Guilherme! Não adianta tentar te ensinar o que é certo diante do que você quer!

Calou-se constrangida sua mãe.

A festa foi-se encerrando, as pessoas em grupos se deslocando para o portão principal, o sábado de muito sol tinha sido muito agradável. Ao se aproximarem do portão, Guilherme e sua mãe se depararam com um senhor que trazia a bola tão almejada, segurando na mão de seu filho, o ganhador da bola. O senhor virou-se para o Guilherme e disse:

- Olá, tudo bem? Você gosta de bola de futebol?

- Gosto muito. Adoro jogar bola! Respondeu alegre com brilho nos olhos.

- Pois bem. Meu filho não gosta e ganhou a bola. Quer para você? Assim, poderá jogar, além de ver seus DVD´s!

Guilherme estende as mãos emocionado, olhando para a sua mãe, que não tinha o que dizer naquele momento. Mas, ele não perde a chance e complementa:

- Eu não disse, mamãe, que a bola seria minha?

As pessoas que ouvem essa história – real, repetimos – usualmente reagem de duas maneiras diferentes: ou atribuem a uma feliz coincidência (uma forma educada de não acreditar); ou buscam refletir de como algo assim aconteceu.

Para falar a verdade, ela pode ser surpreendente, mas na essência não é algo totalmente novo para a maioria de nós. Quantos fatos semelhantes aconteceram conosco ou com gente que conhecemos?

- Um rapaz que se imaginou trabalhando em uma dada organização e pouco depois foi convidado a um processo seletivo... naquela mesma empresa.
- Alguém liga para você no exato momento em que você pega o telefone para chamar-lhe.
- Para evitar ir a um compromisso chato, uma moça alega que tem uma viagem marcada para a Europa... e dias depois recebe um convite e as passagens.
- Um doente otimista que recebe a notícia que seu câncer remitiu, sem maiores explicações.

Como pôde isso tudo acontecer?

Então é verdade que querer é poder?

Não... querer não é poder. Visualizar, sim.

Podemos asseverar que, muito antes de os estudos a respeito dos hemisférios cerebrais e de suas competências virem à tona, a frase "querer é poder" era pronunciada, não somente em latim, mas na maioria dos idiomas, soprada aos quatro cantos do mundo. Contestá-la, mesmo atualmente, parece um desaforo, já que virou um dito popular no qual as pessoas creem profundamente. Muitas basearam suas conquistas nessa verdade. Quantas outras, todavia, foram questionadas, alterando o pensamento e as crenças da humanidade para novas bases? Incontáveis!

É fato que "a intenção é que faz a ação", impulsionando o agente a realizá-la. Porém, se dependesse apenas do querer, as respostas positivas às demandas humanas seriam bem mais volumosas. Isso não se dá. Por exemplo: ao verificarmos a fundo o mecanismo que a criança aciona ao desejar algo para a sua vida, conseguindo-o, constataremos que está muito mais relacionado à sua capacidade de visualização do que ao simples querer. Ela imagina-se andando na bicicleta que almeja para o próximo aniversário e vive as emoções do novo brinquedo como se o tivesse em mãos!

Aguarda-o ansiosamente – como qualquer adulto faz quando sonha com o novo automóvel –, no entanto, entrega-se à imaginação das aventuras sobre a bicicleta, sentindo a brisa em seu rosto ao ouvir o som das pedaladas. Já sente as mãos suarem no guidão ao crer-se apertando-o em suas extremidades, fazendo mentalmente a curva no final da rua, superando a velocidade de seus amigos com as suas *bikes* velozes. E assim acontece!

A VISUALIZAÇÃO CRIATIVA CONSTRÓI O FUTURO

Em poucas palavras, visualização criativa é o ato de usar a imaginação para criar a realidade e atrair condições para a concretização dessa realidade. Da mesma forma que as orações, há dois tipos de visualização:

- **Visualização ativa;**

- **Visualização receptiva.**

A diferença básica entre elas está em que, na visualização ativa, quem visualiza escolhe e cria conscientemente como deseja que as coisas aconteçam, sendo mais detalhista e assertivo. Na visualização receptiva, uma vez posto o objetivo geral, apenas relaxamos e permitimos que as imagens mentais se sucedam, sem que interfiramos na seleção de detalhes.

A utilização de um ou outro modo depende apenas de o quanto o visualizador se sente confortável com cada um. Cremos que, da mesma forma que a oração, esse relativo conforto ao visualizar de uma determinada forma esteja relacionado ao perfil psicológico, como estudado por Carl Jung: extrovertido ou introvertido.

Cremos também que, talvez, outros aspectos importantes para definir qual das duas formas seria a mais adequada e eficiente são o número de pessoas envolvidas naquela dada realidade a ser alterada e se essa realidade já está concretizada ou ainda apenas plasmada energeticamente. É razoável imaginar que, quando muitos desejam a mesma coisa, ou quando o desejado já está disponível no plano material, a visualização receptiva pode indicar mais facilmente onde encontrar o que queremos. De outra forma, quando o desejado é algo que ainda está na sua fase inicial de criação no campo mental, alimentar esse sonho com detalhes pela visualização ativa pode ser muito mais adequado, pois ajuda a dar corpo à ideia.

Importante esclarecer que é possível, com a prática, desenvolver a habilidade de lidar de ambas as formas.

A experiência que Guilherme passou e que reportamos algumas páginas atrás, é um exemplo típico da Visualização Ativa. Não cremos que o desejo de obter a bola e o DVD fosse suficiente para o efeito obtido. No entanto, a visualização que o menino intuitivamente fazia, idealizando o local em que iria colocar o aparelho em seu quarto e depois, imaginando-se nas brincadeiras com amigos e sua bola, é que plasmou a oportunidade improvável de levar para casa os dois prêmios.

Outro exemplo, agora de Visualização Receptiva, está em uma prática de que sempre nos utilizamos e que todos podem experimentar. Sempre que vamos a um *shopping* em horários de *rush*, a primeira preocupação é encontrar uma vaga no estacionamento. No entanto, essa tarefa pode ser muito facilitada pela visualização receptiva. Ao entrar no estacionamento, procure imaginar onde estaria uma vaga disponível. Deixe que uma intuição lhe diga onde ela está. Em nossa experiência pessoal, as vagas têm sido indicadas por uma imagem rápida e fugaz, mas nítida.

Costumamos seguir essa imagem e, na maioria das vezes, temos sido surpreendidos por alguém que está saindo ou por uma vaga esquecida por outros motoristas. No início, o índice de sucesso era menor, mas, hoje em dia, são raras as vezes em que não temos a imagem ou, ainda mais raramente, em que ela não se realiza.

Como qualquer outra habilidade, visualizar com eficiência requer método e prática. Há diversos métodos de visualização, mas queremos propor a todos aquele que nos parece mais simples, em cinco passos elementares descritos a seguir:

ESTABELEÇA UMA META

Para visualizar, é necessário que fique claro o que se deseja: um emprego, sucesso em um exame, um relacionamento afetivo feliz etc. Aparentemente, isso é fácil, pois desejos nos vêm aos borbotões, mas é exatamente esse o maior problema. Sem uma definição clara e prévia de qual aspecto queremos trabalhar, a visualização perde o foco, e a energia gerada torna-se dispersa, sem a necessária canalização para um dado objetivo. Por outro lado, essa meta deve ter o cuidado de não imaginar que podemos ou devemos atropelar a vida de outras pessoas, buscando manipular seu destino. Nossos desejos devem respeitar o direito que os outros têm de viver – ou mesmo morrer – de seu próprio modo. Esse cuidado é especialmente importante na busca de um relacionamento afetivo.

Suponhamos que você entenda que lhe falta uma companhia para compartilhar a vida e, assim, completá-la. Deseja, portanto, um relacionamento afetivo estável e feliz. Se assim quer, está bem. No entanto, se ao visualizar a solução para esse desejo você estipular uma dada pessoa como alvo a ser perseguido, é bem provável que, como resultado, colha apenas uma frustração. Isso porque essa pessoa desejada pode ter seus próprios sonhos de relacionamento, que talvez não coincidam com os seus.

Assim, a frustração é inevitável, pois a visualização não é uma boa ferramenta para a manipulação do destino de outros. Melhor seria listar as qualidades que gostaria de encontrar nessa pessoa, imaginar cenas felizes em que ambos compartilham a vida e deixar que o universo o aproxime da pessoa com quem poderá construir sua própria felicidade.

Dada a delicadeza do tema, queremos apenas lembrar que a chave da felicidade de cada um jamais deve ser colocada no bolso de outra pessoa. A transcendência humana é um exercício individual e, por vezes, pode requerer solidão. Para muitos, no entanto, compartilhar a vida pode ser uma alavanca para seu caminho pessoal, através da qual se alcancem ajuda mútua e muito prazer. Cada um com seu destino, cada um com seu caminho...

IMAGINE COMO SERÁ

A partir do objetivo definido, considere a seguinte pergunta: como é essa realidade desejada? Responda descrevendo as características buscadas e os sentimentos que virão assim que se realizar o desejo. Crie uma imagem visual, escreva um texto a respeito, ou adote qualquer outra forma de representação que mais lhe convier. Alguém que, pela PNL (Programação Neurolinguística), for classificado como auditivo poderá se interessar em gravar um arquivo (em vídeo, MP3, MP4, no computador etc.) com sua própria voz falando sobre esse desejo. Caso você opte por escrever ou ler um texto sobre o seu desejo, observe as mesmas regras de criação de afirmações que apresentamos anteriormente. Já um visual pode preferir fazer uma colagem com fotos e palavras relacionadas àquilo que deseja ou mesmo imaginar cenas e objetos que remetam ao desejado.

Escreva ainda uma afirmação que ajude a concretizar o desejo, seguindo as orientações já apresentadas anteriormente. A seguir, reserve um tempo para você, em um local agradável, e dedique-se a curtir essas imagens, como um ritual de visualização. Faça isso em um momento de relaxamento, solitário. Busque sentir esse desejo realizado. Use as imagens, textos e sons que você associou ao que deseja para ilustrar esse momento só seu. Se você gravou um texto, ouça-o com atenção; se fez um desenho ou colagem, feche os olhos e veja-o realizado. Sinta as emoções positivas que terá ao conquistar o desejado.

Você pode repetir quantas vezes quiser esse pequeno ritual, mas cuide para que seja sempre em um momento em que você não será interrompido. Concentre-se regularmente.

No meio das rotinas diárias, seja em casa, no trânsito, no ambiente de trabalho ou onde quer que você esteja, dedique um momento para retornar àquelas imagens, mesmo que seja por uma fração de segundo. Para isso, tenha sempre disponível algo que se refira a elas. Os que fizeram um desenho, por exemplo, podem deixar essa colagem ou cópias em locais visíveis. Repita a afirmação que sugerimos no tópico anterior, como outro reforço para a visualização.

Alimente a imagem com emoções e sentimentos positivos de realização. Lembre-se sempre de que são os sentimentos e as emoções que fazem a comunicação entre você e a Fonte. Assim, sempre que estiver visualizando, cuide para que haja um bom clima emocional, pleno de confiança, amor, satisfação e, especialmente, gratidão. Evite sempre (em qualquer circunstância) o mau humor, o cinismo ou o pessimismo.

Tenha sempre claro que seu desejo objetive algo melhor na sua vida e na vida de outras pessoas e que jamais esteja sendo perseguido para evitar um mal ou um incômodo. Por exemplo: evite fazer exercícios continuamente para não ficar doente. A consequência natural desse sentimento é a doença, foco da atenção. Ao contrário, ao exercitar-se para ser saudável, define-se um foco de saúde e prosperidade e constrói-se essa realidade.

Assim como dissemos nos textos sobre oração, a gratidão é um sentimento que pressupõe a efetiva realização de algo desejado. Assim, a gratidão é um sentimento tão valioso para o processo como um todo que justifica que lhe atribuamos um destaque especial.

O simples fato de olhar para tudo o que já se conquistou e para tudo o que nos é oferecido com gratidão reforça subconscientemente a certeza da existência do Fluxo de Bem-Estar que nos envolve.

Por outro lado, agradecer pela realização de nosso desejo, mesmo que ele ainda esteja plasmado no Campo Mental, traz todas as demais emoções e sentimentos de realização, como a confiança e a alegria.

De qualquer forma, a gratidão traz embutida a necessária humildade por reconhecer o enorme afluxo de força e energia que nos auxilia diuturnamente.

PROVOCANDO A SINERGIA

Se tais ferramentas – as afirmações positivas, as visualizações e as orações – são assim potentes isoladamente, se não existem conflitos de nenhuma ordem entre elas – pelo contrário, elas trazem muitos pontos em comum –, o que podemos esperar de uma composição sinérgica de todas? Esse questionamento nos trouxe uma excitação muito grande, e gostaríamos que esse estímulo também contagiasse cada um que parar para pensar em respostas. A que encontramos, queremos compartilhar abaixo, sem com isso definir uma receita ou um modelo a ser seguido.

DEFINA UM HORÁRIO PARA ORAR E VISUALIZAR

Ore regularmente e faça dessa disciplina algo que realmente o complete. Aproveite esse mesmo horário para reforçar sua oração com todos os recursos de visualização de que puder lançar mão. No entanto, não imagine que esse processo se restringirá a esse momento. Em vez disso, viva em oração. Se orar é sentimento, manter o sentimento de conquista durante o dia todo certamente significará orar por ela o tempo todo.

ABENÇOE A TUDO E A TODOS OS ENVOLVIDOS

Abra mão de julgamentos e críticas. Assuma isso não apenas no momento destinado à oração, mas durante as "25 horas do dia".

ESCREVA UMA ORAÇÃO ESPECÍFICA PARA O SEU DESEJO

Use as palavras que provoquem em você as melhores sensações, emoções e sentimentos. Sentir e expressar gratidão pelo que já existe de bom é uma das chaves mais importantes. Escreva ainda uma afirmação positiva, isto é, uma frase que sintetize essa oração e que a represente bem, considerando as regras de construção de afirmações positivas.

USE A EMOÇÃO DO AMOR

A oração escrita é um roteiro a ser seguido, mas dê asas à emoção do amor e aos melhores sentimentos de gratidão, paz, harmonia, completude, abundância e saúde.

ESTEJA ATENTO AOS SENTIMENTOS

Se, em algum momento, você perceber que as palavras, os pensamentos ou as imagens usadas refletem muito mais o medo que o amor, ou que eles denunciam a presença de uma crença limitante, trabalhe para transformar esse medo ou liberar essa crença com as técnicas já vistas anteriormente. Esteja especialmente atento aos sentimentos e sensações corpóreas que vêm sem avisar. A grande e talvez única força dos sentimentos negativos é a surpresa.

REPITA PROFUSAMENTE A AFIRMAÇÃO POSITIVA E A VISUALIZAÇÃO

Ao longo do dia, sinta sua verdade, mantenha a alegria e a gratidão pela conquista. Deixe isso transparecer em seu sorriso e bom humor. Não reclame de nada. Ao constatar algo que não o satisfaz, não o agrada ou que aparentemente o atrapalha, respire profundamente, abençoe e busque entender o que o universo quer lhe dizer com isso: qual o sentido, qual a mensagem oculta.

Em outras palavras, concentre-se em encontrar a beleza e o equilíbrio que já existem em cada dificuldade e permita que isso lhe traga liberdade. Ao mesmo tempo, use constantemente os recursos de visualização que você construiu: colagens, desenhos, gravações etc.

VIVA O BEM QUE JÁ ESTÁ EM SUA VIDA

Faça coisas coerentes com o que deseja. Jamais economize para não ficar pobre, mas economize porque é da natureza da prosperidade total ser sustentável, sem desperdícios.

Evite sofrer por não comer algo que deseja muito; em vez disso, use EFT para diluir essa compulsão e alegre-se pela liberdade de escolher não comer o que certamente faria mal ou traria culpa. Fuja de quem só tem comentários negativos a fazer. Abençoe tudo e a todos. Diariamente, dedique algum tempo a si mesmo. Fazer isso será um código secreto que só você entende e que expressa seu amor por si[9]. Dê amor aos outros em cada gesto. Enfim, viva a felicidade que já habita em você.

DÊ ATENÇÃO ÀS SINCRONICIDADES

A vida fala com cada um de nós pelos detalhes significativos. Coincidências realmente não existem. Se algo estranho acontece, vale a pena olhar com carinho seu possível significado.

---

[9] Durante muitos anos, usamos um pequeno livro chamado *Meditando com anjos*, de Sônia Café (Editora Pensamento), para nos dar esse tempo. Pelo menos duas vezes por dia, abríamos a obra ao "acaso" e líamos a mensagem. Ainda hoje, esse ato tem o poder de centrar e reacessar a calma.

CAPÍTULO 6

OBSERVE AS FOLHAS E CAULES PARA SABER SE ESSA É A SUA FLOR OU SE É ERVA DANINHA

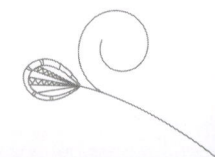

PASSO QUATRO
AVALIE AS EMOÇOES

As emoções são como indicadores de permissão ou resistência ao Fluxo Venturoso. Em rápidas palavras, indicador é tudo aquilo que nos permite medir objetiva ou subjetivamente algo em sua frequência ou intensidade. Termômetros e pirômetros são indicadores de temperatura. Um velocímetro é o indicador que mede a velocidade. Da mesma forma, as emoções e os sentimentos podem ser indicadores de o quanto você se identifica ou não com os caminhos que escolheu em busca de seus objetivos.

Como regra geral, sentir-se bem indica seu alinhamento vibracional com a prosperidade total. Quanto melhor você se sente, mais alinhado estará e, portanto, mais perto também de sua autorrealização. Sentimentos são como os faróis no mar, que mostram aos navegantes tanto se estão próximos de seu destino quanto os riscos de arrecifes e rochas submersas.

No livro *Peça e será atendido*, os Abrahams postulam que, quando se atinge um alinhamento total com a própria Fonte Divina – origem de toda a sabedoria – emerge uma certeza inquestionável de liberdade, poder, bondade, amorosidade, autoconfiança, firme propósito de que tudo está bem. A busca por tal condição começa pelo conhecimento do que realmente estamos sentindo. Acostume-se, pois, a perceber seu corpo em suas nuanças, pois é nele que as emoções se expressam. Quando alguém está triste, alegre, preocupado, entusiasmado ou irritado, sente isso no corpo.

Considerando-se que no processo de expressar emoções o corpo jamais mente[10], ele pode ser um excelente auxílio para a intuição. Mas há ainda outra grande função das emoções: além de revelar o alinhamento vibracional, as emoções catalisam mudanças. Em outras palavras, sentimentos positivos ajudam a realização dos objetivos.

---

[10] Há uma técnica chamada Bi-digital O'Ring Test, utilizada por muitos médicos e terapeutas, que consiste em perguntar sobre a saúde do paciente enquanto se mede o seu tônus muscular. Através desses testes, é possível, por exemplo, identificar uma alergia atípica, o melhor remédio a ser receitado, a localização de um tumor etc. Funciona como auxiliar ao diagnóstico e oferece um altíssimo grau de acerto, desde que o profissional tenha a necessária experiência. A eficácia dessa técnica reforça o que já sabíamos por intuição: "a mente pode mentir; o corpo, jamais".

Já vimos isso também, e não é nenhuma novidade para a maioria de nós. Mas uma questão resiste: como? Como transformar imensas dores de alma em serenidade? Como passar por cima de traumas e violência?

IDENTIFICANDO E TRANSMUTANDO EMOÇÕES

No já citado livro *Peça e será atendido*, psicografado pela sra. Esther Hicks, os Abrahams nos trouxeram uma interessante imagem sobre essa questão, que pode ser de grande ajuda. Como um termômetro, as emoções foram organizadas em uma escala que começa com as mais positivas e termina com as mais negativas.

1. Alegria/Conhecimento/Poder/Liberdade/Amor/Apreciação
2. Paixão
3. Entusiasmo/Vivacidade/Felicidade
4. Expectativas Positivas/Fé
5. Otimismo
6. Esperança
7. Contentamento
8. Tédio
9. Pessimismo
10. Frustração/Irritação/Impaciência
11. Opressão
12. Desapontamento
13. Dúvida
14. Preocupação
15. Reprovação
16. Desânimo
17. Raiva

18. Vingança
19. Ódio/Ira
20. Inveja
21. Insegurança/Desvalorização
22. Medo/Sofrimento/Depressão/Desespero/Impotência

Uma boa forma de entender essa escala é ter em mente que cada sentimento representa apenas um estágio, um degrau de uma escada que pode levá-lo a um estado de felicidade. Estágios são provisórios e podem e devem ser superados. Estágio também significa aprendizado, e sempre há algo a aprender com as emoções que correm em nossas vidas.

Por outro lado, mesmo reconhecendo que há sentimentos que nos fazem bem (que chamamos de positivos) e outros que nos fazem mal (negativos), não deve haver um julgamento pelo fato de sentir um ou outro. Não se condene por sentir raiva, tristeza ou desânimo, por exemplo. Raiva é apenas uma emoção a que todos estamos sujeitos. Problema seria apegar-se à raiva (ou à tristeza ou ao desânimo), pelo alívio que ela traz quando comparada a um quadro de depressão, por exemplo. Não sinta culpa pelo que sente, por favor.

Outro ponto importante é que, olhando "de baixo para cima", isto é, do 22º conjunto de sentimentos (Medo/Tristeza/Depressão/Desespero/Impotência) para o 1º (Alegria/Conhecimento/Poder/Liberdade/Amor/Apreciação), é possível perceber uma certa cadência de alívios: como já apontamos, sentir raiva gera um certo alívio com relação a quadros de tristeza, frustração pode aliviar o sentimento de raiva e assim sucessivamente. Ainda que não devamos nos satisfazer com a "evolução emocional" para a frustração, será importante perceber isso como evolução.

Márcio nos procurou para ajudá-lo a não sentir raiva de sua esposa. Após ouvirmos as circunstâncias que o levavam a esse sentimento, notamos que a raiva era, na verdade, uma evolução: sentimento ruim, mas já melhor que o de insegurança e autodesvalorização que ele sentia anteriormente em sua relação com ela. Os motivos mais que justificavam aquela emoção. A raiva era uma forma de resistência, de se sentir vivo ainda. Portanto, ao invés de evitar essa raiva, nós o encorajamos a expressar essa raiva, aceitando-a como válida e necessária naquele momento. Através do EFT, pudemos ajudá-lo a subir na escala, abandonando a raiva, entendendo sua frustração como algo legítimo e, finalmente, evoluindo para emoções melhores, como otimismo e autovalorização. Nesse momento, ele pode assumir responsabilidade pessoal sobre sua própria felicidade. Afinal, em uma relação a dois, não se pode exigir que o outro mude de comportamento para que você seja feliz. Márcio só tem a ele mesmo, Márcio, para fazer a mudança que precisa. Ele deve mudar buscando o seu melhor. Nesse sentido a raiva trouxe a energia necessária para fazer mudanças, mas se ele ficasse na raiva, nada aconteceria.

Use essa escala para, após dar atenção ao seu corpo e perceber o que acontece, atribuir um nome para o sentimento identificado.

Apenas um alerta: as palavras podem ser um pântano. Elas podem ser perfeitas para expressar os sentimentos de uns, mas não de outros. A própria escala pode ser diferente para cada um de nós, com uma emoção colocada um pouco mais abaixo ou acima. Não se deixe afundar nas palavras. O importante dessa escala é a lógica e o quanto ela pode nos ajudar a entender como estamos e como queremos estar.

Sentir-se melhor deve ser uma busca constante de todos nós. Para isso, há diversas técnicas recomendadas. Em alguns casos mais graves e crônicos, o recomendado será sempre um acompanhamento profissional por psicólogo, psicanalista ou psiquiatra.

Para a maioria dos casos, no entanto, há processos mais simples, muitos deles na linha da autoterapia, que também oferecem resultados excepcionais.

Um deles são as EFT, para as quais já dedicamos algumas páginas. Essa técnica obteve grande reconhecimento exatamente por causa de sua capacidade de lidar com emoções. O seu nome (em português, "Técnicas de Libertação Emocional") reflete essa origem e especialidade. Por mais esse motivo, reiteramos a recomendação para que você conheça e pratique as EFT.

Para incitar a curiosidade do leitor, sugerimos ainda que ele conheça outro processo terapêutico de grande eficiência, que pode ser dominado e autoaplicado por qualquer pessoa com algum treinamento. Trata-se do Método Guelfi, desenvolvido por Durval Guelfi, um psicólogo brasileiro. Esse método tem suas bases na técnica da Intenção Paradoxal, originalmente desenvolvida pelo psicanalista austríaco Victor Frankl[11].

Sobre o Método Guelfi há o livro *A volta para si mesmo* de 1997 (esgotado) e o livro digital *Autoterapia* de 2009 (*).

PROCEDIMENTOS PARA SUBIR NA ESCALA

Abraham, por meio do trabalho psicografado da sra. Ester Hicks, aponta outra forma de subir na escala de emoções e sentimentos: os 22 procedimentos. Trata-se de 22 exercícios com os quais podemos praticar a Permissão no dia a dia. A prática desses exercícios nos leva a sentir a realização do que desejamos e a mudar o estado de humor. Com isso, obtêm-se todos os benefícios que já conhecemos. Muitos desses exercícios são mais aplicáveis a questões ligadas à prosperidade financeira, mas nada impede que sejam adaptados para outros aspectos da prosperidade, como relacionamentos, saúde, paz pessoal etc.

Recomendamos que a prática desses procedimentos seja mantida em segredo, para evitar que outras pessoas a critiquem e o levem a ficar desestimulado.

---

[11] Os interessados podem enviar um *e-mail* para o próprio dr. Guelfi, pois ele disponibiliza um arquivo eletrônico contendo seu livro *Autoterapia: você é seu terapeuta*. Maior aprofundamento não é o possível, nem é o foco deste livro. O *e-mail* dele é durvalguelfi@hotmail.com.

(*) A família do dr. Guelfi generosamente autorizou distribuirmos gratuitamente cópias de um arquivo digital do *Autoterapia*, via internet, até que ele seja reeditado de alguma forma. Assim, os interessados poderão solicitá-los através de nosso e-mail contato@alquimiapessoal.com.br.

Descrevemos abaixo, como exemplo, alguns deles, que nos foram – e são – mais significativos e que podem ser utilizados de imediato por qualquer um. Os 22 procedimentos são descritos com detalhes e podem ser aprendidos no livro *Peça e será atendido*, de Esther Hicks.

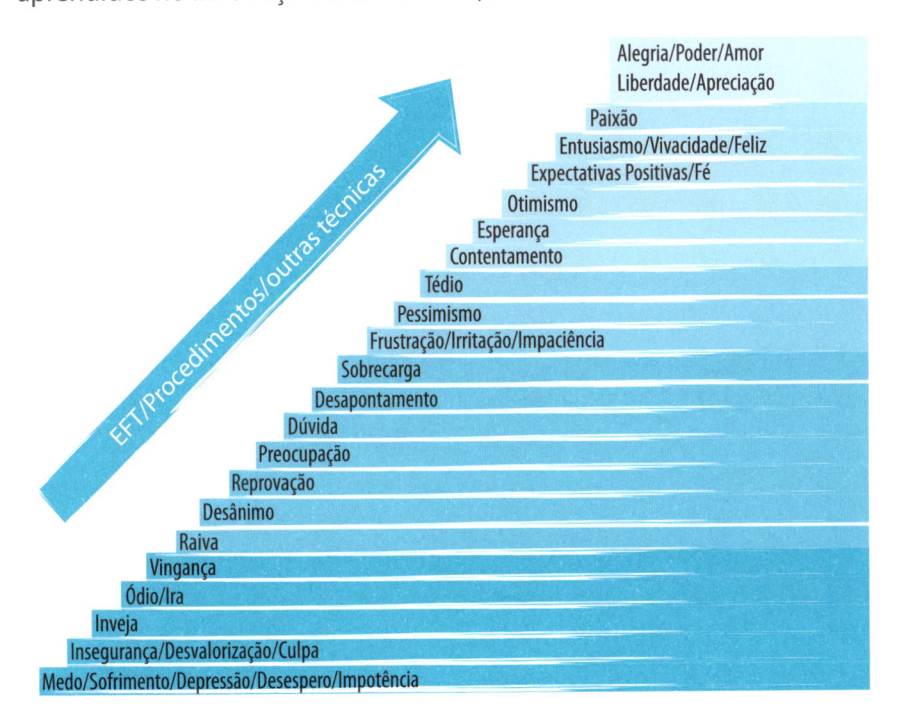

```
                                    Alegria/Poder/Amor
                                    Liberdade/Apreciação
                              Paixão
                              Entusiasmo/Vivacidade/Feliz
                              Expectativas Positivas/Fé
                        Otimismo
                      Esperança
                      Contentamento
                  Tédio
              Pessimismo
              Frustração/Irritação/Impaciência
          Sobrecarga
        Desapontamento
      Dúvida
      Preocupação
    Reprovação
  Desânimo
Raiva
Vingança
Ódio/Ira
Inveja
Insegurança/Desvalorização/Culpa
Medo/Sofrimento/Depressão/Desespero/Impotência
```

(Seta: EFT/Procedimentos/outras técnicas)

MEDITAÇÃO

Meditar é abrir-se para o todo: é permitir, desapegar-se de qualquer julgamento, é aceitar. É realizar a transcendência, por vezes em uma fração de segundo, por vezes em experiências mais marcantes, mas sempre profundamente transformadoras. No entanto, é a mais simples das atividades e talvez a mais difícil delas. Consiste em sentar-se confortavelmente, com a coluna ereta (isso é simples), e não pensar (isso é difícil). Para quem ainda não pratica, a melhor forma de começar esse processo é aproximar-se de um dos incontáveis grupos de meditação regular que existem. Há grupos ligados à Ioga, ao Budismo, ao Catolicismo (meditação cristã), ao Islamismo, ao Sufismo, à Umbanda, ao Espiritismo, às diferentes linhas de esoterismo... Enfim, meditação é uma prática que mais e mais se expande por todo o mundo. Há cursos e livros que ensinam a prática, e encorajamos a todos que a pratiquem diariamente. Há ainda outras formas de meditação que podem ser igualmente praticadas. O mestre zen Thich Nhat Hanh, em seu livro *Meditação andando*, reconhece que ocidentais têm uma dificuldade maior de meditar passivamente e propõe técnicas diferentes de meditação: andando, lavando pratos, chupando mexerica. Pode parecer estranho, mas vale a pena conhecer.

Para a prosperidade total, sua grande contribuição está exatamente na estabilização das emoções que permite, bem como no estado de Permissão a que nos referimos diversas vezes.

A meditação é recomendada como prática diária, sendo útil para qualquer estágio emocional.

O LIVRO DOS ASPECTOS POSITIVOS

Abraham recomenda esse procedimento para quem não se sente perfeitamente confortável em relação aos objetivos a que se propôs ou mesmo para manter uma onda positiva de bons sentimentos. Sugere que ele seja praticado por quem se encontra com emoções localizadas na parte superior da escala de sentimentos, entre as posições 1 e 10.

O procedimento é muito simples.

- Obtenha um caderno específico para as anotações de aspectos positivos. Cuide para que goste dele, escolhendo cores, textura da capa e folhas agradáveis aos seus olhos.

- Nomeie-o. Escreva em letras grandes e bonitas um título para ele. Exemplos: *Livro dos aspectos positivos* ou *Livro dos deslumbramentos*.

- Anote nele (um item por página): fatos positivos que você viveu ou de que teve conhecimento, e por que os considera positivos; experiências que você vivenciou ou soube que outras pessoas vivenciaram, e por que foram positivas; o nome de pessoas de que você gosta e as qualidades que fazem com que goste delas; notícias de jornal positivas, e por que são positivas; elogios que você ganhou, e por que ganhou.

- Deixe as ideias fluírem.

- Revise e releia suas anotações frequentemente, acrescentando mais fatos e mais motivos.

ROTEIRO PARA A PROSPERIDADE

Esse procedimento é útil para quem está na parte superior da escala, acima da sexta posição. Tem como objetivo vivenciar a experiência que você deseja e aumentar o foco sobre ela. O procedimento consiste em escrever em uma folha, de preferência à mão, como será quando você conseguir realizar o seu objetivo. Essa descrição deve usar os verbos no passado, como quem descreve algo que já ocorreu. Deve também descrever os detalhes: o cenário, as pessoas envolvidas, o clima... Tudo do jeito que você deseja que aconteça. Um cuidado importante é manter-se focado no seu objetivo e atento a eventuais resistências. Se em algum momento sua escrita for interrompida por um "sim, seria legal, mas...", perceba que há aí um Tail Ender, uma crença negativa barrando a criação da realidade desejada. Trabalhe imediatamente com EFT para limpar essa resistência e siga em frente. Faça desse exercício algo muito prazeroso. Divirta-se com ele.

NÃO SERIA BOM SE...?

Por vezes, os pensamentos que temos sobre a vida que levamos no momento insistem em fatos atuais que contradizem o seu objetivo. Em vez de focar no melhor, os pensamentos giram em torno dos problemas, das dificuldades e das coisas que ainda não aconteceram. Também nas conversas com amigos isso pode acontecer. Sabemos que esse tipo de postura, que valoriza mais as dificuldades que as possibilidades, constitui uma barreira imensa para realizarmos as mudanças que queremos. Nesses momentos, a técnica "não seria bom se...?"

vem mudar o sinal de negativo para neutro e de neutro para positivo. Para isso, substitua frases que lamentam por frases que abrem possibilidades. Por exemplo, em vez de ficar pensando e remoendo o que ainda não aconteceu, diga: "Não seria bom se acontecesse?". Ou ainda: "Não será bom quando acontecer?". Esse procedimento auxiliará especialmente quem estiver sentindo emoções que variam entre os estágios 16 (Desânimo) e 4 (Expectativa Positiva).

ARRUMANDO A DESORDEM

Objetos espalhados pela casa, descontrole dos ambientes em que se vive e trabalha, desorganização das contas a serem pagas e do dinheiro disponível, tudo isso sempre nos leva a sentir que o mundo está contra nós e para a parte inferior da escala de emoções: desânimo, tristeza, falta de foco e de energia. Já notou o acréscimo de energia e positividade que acontece quando colocamos em ordem as coisas que estavam em desordem?

Os que já tiveram contato com o Feng Shui sabem do que falamos: tudo tem uma vibração própria e estabelece uma relação com a nossa vida em geral. A forma como lidamos com nossos pertences reflete a forma como lidamos com o que atraímos para nossa vida. Ter controle sobre o ambiente traz muita tranquilidade para o dia a dia. Por outro lado, organizar as coisas favorece a utilização da Lei do Vazio. Essa lei da prosperidade diz que, para facilitar o ingresso das novas coisas que desejamos, é necessário abrir espaço, retirando o que já não tem utilidade. Ao se organizar um espaço qualquer, é comum encontrar coisas sem uso ou objetos quebrados, papéis e anotações que não se sabe mais para que serviram. Essas arrumações são uma boa hora para dar um destino melhor para tudo o que não fizer sentido mais: doação, reciclagem ou lixo.

Para as arrumações de grande variedade de objetos, veja abaixo uma técnica muito interessante.

- Consiga várias caixas de papelão com tampa (de preferência, de mesmo tamanho e cor e com tamanho conveniente para manuseio). Consiga também um gravador de voz pequeno.

- Coloque cinco ou seis dessas caixas na sala que pretende arrumar e as numere de forma bem visível.

- Reserve uma delas para o lixo imediato, outra para coisas a serem doadas imediatamente.

- Para cada objeto, pergunte-se: "Vou precisar disso em breve?". Se não souber a resposta, pergunte-se: "Há quanto tempo eu não uso isso?". Dependendo da resposta, deixe o objeto onde estiver ou coloque-o na primeira caixa. Procure distribuir as coisas com alguma coerência, mas sem muito rigor, isto é, não perca tempo demais nisso. Trabalhe rápido.

- Registre no gravador o que vai colocando em cada caixa.

- Ao se encherem as caixas ou acabarem os objetos, ouça a gravação e registre nas fichas, colando-as na lateral da caixa correspondente. Alternativamente, registre no computador.

- Guarde as caixas de forma que o conteúdo possa ser facilmente identificado.

- Estipule um tempo – um mês, três meses... – e, ao término, dê um destino melhor para tudo o que não teve utilidade durante esse período.

OUTROS PROCEDIMENTOS

Esses são apenas alguns dos processos sugeridos por Abraham, e, naturalmente, há muitos outros que autores diferentes ensinam. São bem conhecidas algumas práticas, como a já famosa Roda da Fortuna, que Louise Hay ensina, a caixa de criação mágica e mesmo algumas outras mais simples, como jamais andar sem dinheiro na carteira. Todas elas têm em comum aumentar o foco nos objetivos a que nos propomos alcançar e jamais no seu oposto, isto é, na falta, na doença, na solidão ou no medo. E, claro, não se supõe que cada um de nós deva lançar mão de todos esses procedimentos, mas é muito proveitoso utilizar aqueles que sua intuição indicar e o façam sentir-se mais confortável e seguro.

CAPÍTULO 7

É PRIMAVERA, O TEMPO DAS FLORES

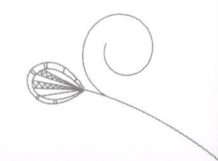

PASSO CINCO

ESTIMULE A CRIAÇÃO E A ATRAÇÃO

Há um texto atribuído ao filósofo alemão Johann Wolfgang von Goethe que toca o processo da atração com precisão e beleza:

> *"Em relação a todos os atos de iniciativa e de criação existe uma verdade fundamental, cujo desconhecimento mata inúmeras ideias e planos esplêndidos: a de que, no momento em que nós nos comprometemos definitivamente, a Providência também se move. Toda espécie de coisas ocorrem para ajudar-nos, que de outro modo não teriam ocorrido. Toda uma corrente de acontecimentos brota da decisão, fazendo surgir a nosso favor toda sorte de incidentes, encontros e assistência material com que nenhum homem sonharia que pudesse vir ao seu encontro. O que quer que você possa fazer, ou sonha que o possa, faça-o. Coragem contém genialidade, poder e magia. Comece-o agora!".*

Certamente o filósofo já tinha como certo e patente tudo o que hoje se sabe sobre prosperidade e sincronicidade. Poderíamos citar inúmeras situações em que a vida trouxe resposta às perguntas que ousamos fazer e aos anseios que ousamos ter. Por vezes, vieram por caminhos aparentemente estranhos e enevoados; por vezes, de forma límpida e clara, como um *outdoor* em frente à sua janela.

O processo de atração e construção da realidade é como o ar: presente, funcional e aparentemente invisível. Atraímos para a nossa vida qualquer coisa à qual dedicamos atenção, energia e concentração. E porque só respondem às vibrações que emitimos através de nossos pensamentos, crenças e emoções, elas, ao se realizarem, reforçam esses mesmos pensamentos, crenças e emoções.

Algo um tanto misterioso é a forma como o que é atraído se manifesta. Há uma história antiga que ilustra bem esse conceito, narrada a seguir:

> *Houve uma inundação muito grande em dada cidade. As águas do rio subiram muito rapidamente, e, em pouco tempo, as paredes das casas estavam cobertas de água. Os moradores refugiaram-se nos telhados, aguardando ajuda. Os que tinham barcos começaram a resgatar desabrigados, e foi com surpresa que encontraram uma senhora que sistematicamente recusava a ajuda dos barqueiros.*

– Não se preocupem comigo – dizia ela. – Eu sou uma mulher muito religiosa e já rezei clamando pela ajuda de Deus. Com certeza, Ele virá me ajudar.

O tempo foi passando, e nada de a inundação ceder. Ao contrário, as águas teimavam em subir ainda mais. Outro barco passou oferecendo ajuda para a mulher religiosa, e a resposta foi a mesma:

– Não, obrigado. Eu orei, e Deus vai me ajudar.

Meia hora mais tarde, outro barco e a mesma resposta. Em pouco tempo, as paredes da casa ruíram, e a mulher morreu afogada. Ao ser recebida no céu, exigiu falar diretamente com o Criador. Ao encontrá-Lo, começou a esbravejar:

– Como o Senhor pode ter feito isso comigo? Fui mulher caridosa, religiosa, beata, rezei muito... E justo na hora em que mais precisei, Você me abandonou?

Foi então que Deus, em sua santa paciência, olhou para ela com surpresa e retrucou:

– Como assim, abandonei-te? Eu mandei três barcos resgatá-la, e você recusou todos. Por quê?

Atraímos e criamos o que focamos. Seja como imaginamos, seja de outra forma, as respostas sempre virão.

ESPERA ATENTA

Tudo pode ser rápido ou pode ser mais lento. Há um tempo para cada um de nós, que está de acordo com o que conseguimos realmente vibrar e atrair. A postura mais próspera é a da espera atenta, isto é, a de aguardar como quem espera o nascer de seu filho: com alegria pela certeza de que na hora certa ele chegará, preparando com carinho sua chegada em cada ponto do tricô que faz o casaquinho, na compra do berço e na leitura de um livro, na escolha do nome, com a paciência de quem sabe que os dias que se sucedem são importantes para o desenvolvimento do bebê.

A espera pressupõe também um olhar atento para os sinais da vida. Se você busca a abundância em sua vida, procure perceber toda a abundância que já a cerca. Veja nos detalhes. Para aceitar a abundância, é necessário reconhecê-la da forma como ela aparecer. Diga sim para ela. Agradeça. Registre por escrito cada sinal de abundância (pode ser no seu *Livro dos Aspectos Positivos*) para que as mudanças sejam mais facilmente lembradas e aceitas por você.

Entre esses sinais podem estar, por exemplo, um presente não esperado, uma oferta de ajuda de um desconhecido, um amigo que convida para um jantar. Todos podem ser entendidos como graças inesperadas que o atingem exatamente por estar em linha com a abundância. Celebre no seu íntimo cada sinal de que alcançar seu objetivo está cada vez mais perto.

SINCRONICIDADES

Já faz tempo que a palavra coincidência deveria ter saído do dicionário. Não porque caiu de moda, mas porque pode ser substituída por outra muito mais significativa e real: sincronicidade.

A diferença entre ambas é enorme: enquanto sincronicidade reconhece haver uma relação entre dois fatos diferentes que ocorrem dentro de um mesmo contexto, a coincidência não reconhece essa relação, sugerindo que a sorte fez com que tais fatos acontecessem como aconteceram. Em outras palavras, a sincronicidade é uma coincidência que traz uma mensagem ou significado a ser entendido. O desuso da palavra coincidência se dá pela constatação de que só há sincronicidades: toda coincidência tem significado.

Mais do que isso, a sincronicidade é a linguagem com a qual o universo se comunica com cada um de nós. Ele nos chama a atenção para aquilo que merece ser visto e percebido com atenção, os conflitos que devem ser apaziguados em nós mesmos, as oportunidades a serem consideradas, os perigos à frente que podemos evitar, os emaranhamentos que devem ser conciliados e tantas outras coisas.

Podemos dar-lhes atenção ou não, assim como podemos ouvir ou não a buzina de um caminhão que cruza a rua em que estamos, como podemos aceitar ou não a ajuda gentil de um desconhecido. Curioso é notar que, quanto mais nos atentamos às sincronicidades, melhor se torna nossa capacidade de percebê-las e interpretá-las.

Hélio participava de um grupo de investimentos financeiros que estava distribuindo grandes dividendos a todos que investissem em uma dada empresa. As taxas de retorno eram, de longe, as mais altas do mercado. Ainda que o dinheiro ficasse preso por um mês, não havia impedimento algum para que, ao final desse período de carência, os investidores retirassem o dinheiro investido em seus ganhos, e era comum ver gente retirando dinheiro. Mas é claro que todos se sentiam estimulados não só a reinvestir os valores resgatáveis, mas também a investir ainda mais. Houve quem vendesse a própria casa para investir e aumentar ainda mais os ganhos. Uma noite, Djanira, a esposa de Hélio, limpava uma estante quando caiu a seus pés um livro aberto. Ao recolhê-lo do chão, algumas palavras chamaram sua atenção.

Cuidadosamente, ela voltou a abri-lo naquela página e sentiu um arrepio ao ler em voz alta: "O bom jogador sabe a hora de parar". O casal não conseguiu dormir bem naquela noite. No dia seguinte, ele foi ao escritório, pediu o resgate de todas as cotas que estavam disponíveis e programou o resgate de todas as outras à medida que as carências fossem vencendo. Alegou que precisava do valor para uma emergência. Dois dias depois, a Polícia Federal invadiu o escritório da suposta empresa para cumprir ordem de prisão dos estelionatários que comandavam o "negócio". Tentativa infrutífera. Eles já haviam fugido com o dinheiro assim que notaram que os saques estavam sendo maiores que os depósitos. Hélio e Djanira não ganharam dinheiro, mas também nada perderam, diferentemente de centenas de outros enganados.

Só depois Hélio confessou à sua esposa que desde o início sentia algo estranho sempre que ia ao escritório de "investimentos", mas que relevava a sensação, considerando-a sem significado. Sua esposa, entre envergonhada e assustada, reconheceu que também sentia o mesmo. Coincidências ou sincronicidades?

Essa história – também adaptada de um caso real – é emblemática, mas as sincronicidades são muito mais frequentes do que imaginamos. Quantas vezes você pensa em uma pessoa, e ela imediatamente telefona? Ou ligou o rádio no momento exato de ouvir a música que estava cantarolando, ou de uma notícia que precisava ouvir? A quantas sincronicidades demos o nome de coincidências porque desprezamos sua mensagem? E quantas sequer notamos, porque nossos olhos não estavam estimulados a ver?

Sincronicidades são sinais a serem interpretados, são alertas para que algo seja visto, compreendido, conciliado ou aceito. Quem os reconhece aprende gradativamente a interpretá-los e cada vez mais tem sua vida facilitada.

Há uma experiência pessoal que cremos ser interessante dividir: em 1996, George fez uma viagem à Inglaterra. Essa viagem foi empreendida tendo como lema "Deus proverá": nenhum plano, nenhuma reserva em hotéis e, como bagagem, uma mochila. A preparação resumiu-se à compra das passagens de avião, de um passe para quatro dias de trem (comprado sem que se soubesse ao certo se seria usado e para onde se poderia ir com ele) e de um endereço de uma amiga que estudava inglês em Ramsgate, uma cidadezinha do sul da ilha.

E Deus proveu.

A falta de planos obrigou-o a estar atento às oportunidades e mensagens das sincronicidades, para as quais até então pouco dava atenção. Foi uma viagem maravilhosa. Inúmeras sincronicidades guiaram-no, ao ponto de ter chegado ao extremo norte, já na Escócia, e conhecer Findhorn, uma comunidade encantadora sobre a qual lera em 1976, em um artigo na revista *Planeta*. E estar em Findhorn mudou sua vida.

Temos certeza de que a maioria dos leitores conseguirá reconhecer em sua própria vida tais sincronicidades. Ocorre com todos. Há que se ter olhos para identificá-las e coração para entendê-las. Não é outro o objetivo destes parágrafos: encorajar o reconhecimento e o entendimento de suas mensagens.

Procure lembrar, caro leitor, quantas sincronicidades já ocorreram em sua vida, quer você tenha se apercebido delas na hora em que ocorreram ou não.

INTUIÇÃO

Outro recurso que temos, e que faz a diferença no período de realização de nossos objetivos, é a intuição.

Há quem ainda acredite que se trata de um dom das mulheres, mas isso é apenas uma crença limitante para nós, os seres humanos do sexo masculino. Os estudiosos da mente nos ensinam que os lados direito e esquerdo do cérebro (hemisférios cerebrais) têm funções diferentes.

No lado esquerdo, são processadas as operações numéricas, processos lógicos, matemáticos, analíticos, temporais, sequenciais. São atividades que, em tempos de antanho, eram consideradas masculinas e atribuídas com exclusividade aos homens. Mulheres estudando, pensando logicamente, fazendo ciência? "Jamais", diriam os antigos.

No lado direito do cérebro, acontecem os processos classificados como femininos, pois são aqueles com que as mulheres, por natureza, lidam com maior facilidade: a síntese, a compaixão, as emoções mais delicadas, as intuições. Antigamente, jamais se aceitaria que um homem tomasse decisões pela intuição. "Macho mesmo usa a razão e cospe no chão", diriam.

Como a cultura ocidental orientou-se para uma suposta (e inexistente) superioridade masculina, as qualidades femininas eram consideradas menores – e todos nós perdemos muito com isso. A intuição foi uma das habilidades relegadas à margem.

Queremos apenas concluir dizendo que, por termos os dois hemisférios cerebrais, todos somos capazes de lidar tanto com a razão, os números, a análise e os processos lógicos quanto com a emoção, a compreensão pela síntese, as intuições e a arte, ainda que cada um tenha maior habilidade em uma ou outra área.

Homens e mulheres podem ter tendências de solução por caminhos diferentes, mas, em princípio, ambos podem tudo. É uma questão de desenvolvimento, em alguns casos, e, em outros, como o da intuição, é uma questão de aceitar, prestar atenção e seguir com confiança.

Cremos plenamente que as soluções que buscamos e de que precisamos já existem. Em *Criatividade quântica* – livro fascinante do cientista físico Amit Goswami –, há todo um estudo sobre esse processo de criatividade "espontânea". Na obra, são citados muitos casos em que soluções foram encontradas como se houvesse ocorrido um "*download* de algum servidor astral". Alguns dos casos citados referem-se a descobertas que mudaram o panorama da ciência da época.

Não nos atrevemos a teorizar e sequer a reproduzir explicações. Neste momento, apenas estimulamos que se reconheça que tais soluções existem e estão acessíveis a todos. Procure lembrar-se de situações cuja solução apareceu do nada, geralmente de manhã, durante o despertar. Isso é parte do vasto mundo da intuição.

Muitos de nós temos histórias sobre isso para contar. Nossa sugestão é que simplesmente se reflita sobre isso. Permita-se "não ter certezas absolutas" e esperar algo que "desce do Azul". E permita-se também ouvir seu corpo. Quando for tomar uma decisão, estude os fatos, os números, as tendências... E ouça o seu corpo também. Por exemplo, quando estiver prestes a tomar uma decisão importante que envolva duas ou mais opções, sente-se confortavelmente, feche os olhos, imagine-se decidindo-se por uma das alternativas. Em seguida, coloque a atenção em seu corpo. Por vezes, pode aparecer um mal-estar no estômago, como um leve enjoo ou uma dorzinha. De pessoa para pessoa, esse sintoma pode ser diferente. É um alerta. Ele sugere que se olhe de novo os números, releia-se o que foi escrito, busque-se um eventual engano, pois, tenha certeza absoluta, há algo errado que não foi visto. Em outras situações, você poderá sentir-se leve, com vontade de sorrir. Bom sinal.

Assim como a percepção e a interpretação das sincronicidades, a intuição pode ser desenvolvida pela prática diária.

ESPERAR OU FAZER ACONTECER: EXPRESSÕES DA CORAGEM

Aprendemos com Sonia Café que coragem significa agir com o coração. Não significa ser temerário e correr riscos pelo simples prazer de viver perigosamente. Ao contrário, a coragem nos remete a seguir as intuições que nosso coração manda. Ele sabe mais do que supúnhamos.

O coração poderá dizer a você quando é hora de aguardar e quando é hora de andar. Há momentos em que fazer nada é tudo. A solução está a caminho. Tenha paciência e amor ao momento de espera.

Há outros momentos que requerem colocar a ideia para funcionar. Dar um passo que seja. Se não puder realizar tudo o que imagina, dê os passos possíveis. Planeje, leia sobre o assunto, comece pequeno, experimente. Tenha o que mostrar quando a grande chance chegar. Não há fórmulas para saber o que e quando fazer. Há algo maior: você, seu coração, o universo.

Se for o momento de agir, não se perca no perfeccionismo. Muitas empresas de informática, antes de lançar um novo produto à praça, distribuem gratuitamente uma versão beta, isto é, uma versão reconhecidamente imperfeita, que pode, eventualmente, não funcionar totalmente bem, para que os usuários potenciais a experimentem e opinem. Essas empresas ouvem o que os usuários têm a dizer, fazem mudanças importantes e, depois, lançam os programas definitivos com um grau de qualidade muito superior. Desde que a ética e a segurança de todos sejam garantidas, esse mesmo conceito pode ser aplicado a quase todas as áreas de desenvolvimento de produtos e serviços.

PERSISTÊNCIA SEM TEIMOSIA

A diferença entre a teimosia e a persistência é que o teimoso, ao perseguir um dado objetivo, sempre repete a mesma fórmula, tenha ela dado certo ou não. Isto é, o teimoso repete e repete e repete... Por vezes, isso até funciona, mas nem sempre. O persistente igualmente persegue seus objetivos, mas sabe que precisa mudar de fórmula, se ela se mostrar ineficiente.

O teimoso só usa sua força de vontade. O persistente usa, principalmente, sua criatividade e sua inteligência.

Há quem só valorize resultados conquistados pelo esforço. Vemos isso com enfado e desconfiança, para ser sincero. Sem desqualificar o esforço e sua importância em muitos casos, acreditamos que esse é um recurso que poderia ser muito menos necessário se usássemos mais a criatividade e estivéssemos mais abertos ao novo. O esforço tem suas qualidades, claro, mas é como um boi que puxa o arado. O esforço é do boi, mas não pode ser ele quem decide para onde vai.

Isso significa também que, em vez de fazer tudo sozinho, buscar um parceiro pode ser muito interessante. Um associado pode trazer novas ideias, recursos financeiros, outros conhecimentos necessários para o negócio.

Há muitas sociedades que não deram certo, é verdade, mas isso é parte da história, jamais será a verdade toda. Poucas empresas grandes do mundo não contam ou contaram com mais de um proprietário. Como qualquer casamento, uma sociedade pode dar certo ou não. Muito de seu êxito repousará na forma como os sócios se comunicarão e acomodarão os interesses particulares e coletivos.

Isso sem esquecer que uma associação não precisa ser formal. Como consultores de empresas, temos diversos parceiros também consultores com os quais dividimos projetos. Quando percebemos que, por exemplo, um curso poderia ser mais bem desenvolvido e conduzido com a participação de um colega, não hesitamos em convidá-lo a dividir trabalho e remuneração. Com isso, ganhamos mais, aprendemos com eles e divertimo-nos muito mais.

COMEMORE PEQUENOS SUCESSOS

Não espere que seu objetivo se realize totalmente para comemorar. Os pequenos avanços podem e devem ser celebrados como marca de avanço. Isso ajuda muito a consolidar as mudanças das crenças limitantes para as crenças prósperas. Há quem não comemore antes, com medo de que algo dê errado.

Prosperidade total tem a ver com alegria, com confiança.

Se, por exemplo, sua equipe comercial conseguiu fechar um ótimo negócio, depois de um bom tempo de planejamento, preparação de documentação, elaboração de proposta e reuniões de apresentação, vale a pena comemorar o fato. Não estamos aqui propondo que se comemore antes da assinatura. Mas deixar para festejar só depois do trabalho feito e do dinheiro pago é uma atitude pouco próspera.

Outro exemplo é o de uma empresa que há muito tempo está com poucas vendas e que se propõe a dobrar o faturamento. Assim que os indicadores de vendas apontarem consistentemente para cima, com vendas sólidas e crescentes, talvez esteja na hora de uma pequena comemoração. Isso aumenta o moral, reforça o sentimento de vitória e de forma nenhuma faz com que as pessoas relaxem e desanimem. Os mais importantes resultados, no entanto, serão o aumento da atenção, do foco e do alinhamento vibracional que essa alegria trará para o ambiente e também o reforço da crença positiva em todo o processo de construção da nova realidade.

CAPÍTULO 8

NÃO CORRA ATRÁS DAS BORBOLETAS. CULTIVE SEU JARDIM.

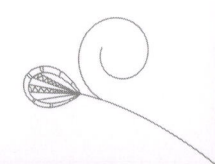

SOBRE O DINHEIRO

Dentro dos desejos de muitas pessoas, quando se fala em prosperidade, há um ponto comum: o dinheiro. Visto por muitos como a salvação para todos os problemas, o dinheiro carrega também o fardo de vilão, pois já fez com que a humanidade derramasse muito sangue em seu nome.

Se pensarmos que o dinheiro nos permite adquirir recursos materiais para realizar alguns dos nossos projetos de vida, veremos que, em alguns casos, ele pode ser um agente facilitador das coisas que desejamos.

Além disso, o dinheiro tem o papel de simplificar as relações de troca comercial, possibilita o crescimento dos negócios e, por consequência, gera emprego e sustentabilidade financeira para as pessoas. Sem falar na segurança emocional!

Como podemos ver, o dinheiro tem sua importância na história do homem, desde que o mundo é mundo.

Porém, refletindo um pouco mais a fundo, vale considerar que: do mesmo modo que ele nos permite adquirir balas de goma, também nos proporciona a compra de balas de metralhadora; do mesmo modo que facilita a construção de uma nova indústria, poderá trazer bons empregos e melhores condições de vida a todos, essa mesma indústria poderá atrair a degradação do meio ambiente ou gerar empregos aviltantes, com baixos salários ou péssimas condições de trabalho; e, da mesma maneira que traz relativa segurança emocional para as pessoas, pode também escravizar aqueles que tornam a busca pela riqueza algo obsessivo.

Nem mocinho, nem vilão, diríamos! O debate é muito mais profundo.

O dinheiro funciona de modo muito semelhante à energia vital que alimenta nosso corpo: quando ele flui livremente, nos traz saúde; quando para e nos intoxica, ele nos faz adoecer.

Susan Andrews[12], em um *workshop*, trouxe-nos uma interessante analogia, que, em poucas palavras, pode ser resumida assim:

"Para a felicidade de uma pessoa, os impactos de se ganhar dinheiro na loteria ou quebrar uma perna se equivalem em médio e longo prazos".

Fazendo uma reflexão sobre os dizeres de Susan, pense sobre o que acontece na maioria das vezes com as pessoas nas duas situações:

Alguém que ganha dinheiro na loteria fica muito excitado e contente, no princípio. Com o tempo, acostuma-se e incorpora a si um novo padrão de vida. A partir daí, o comum é que ele volte a se comportar como antes, só que com mais dinheiro, pelo menos por um tempo.

Se o ganhador era uma pessoa infeliz, avarento, com problemas de relacionamento ou com angústias não tratadas, ele continuará sendo assim. O fato de ter mais dinheiro poderá amenizar um pouco tais características, não alterá-las ou até aumentar a infelicidade.

Já alguém que antes do prêmio era generoso, estava bem consigo mesmo e com outros tende a usar esse dinheiro em coerência com esse sentimento geral.

De modo geral, o dinheiro facilitará a vida, mas nada essencial mudará. E certamente não trará dificuldades. (Ou seja: o dinheiro potencializa suas características pessoais.)

Da mesma forma, no caso de uma perna quebrada, após o tempo natural de recuperação, ambos os perfis descritos acima voltam ao seu estado anterior: o feliz ou o infeliz. Uma única diferença constatada é que o feliz sofre menos.

Assim colocado, podemos entender que o dinheiro tem sua importância na medida em que contribui para o destino maior de todos e cada um. Pode ser uma bênção; pode ser uma maldição.

---

[12] Susan Andrews, antropóloga e doutora em Psicologia, é fundadora e coordenadora do Instituto Visão Futuro e principal responsável, no Brasil, pela divulgação e articulação de esforços para a implantação do índice FIB (Felicidade Interna Bruta) no país.

A sociedade contemporânea e capitalista valoriza os aspectos materiais, em detrimento de outros valores, como amizade, amor, compaixão, generosidade, equilíbrio de oportunidades e condições de sobrevivência para todos. Ainda que não possamos afirmar que todos os indivíduos sigam os mesmos padrões de comportamento, é fácil observar três principais correntes de pensamento e ação entre eles, descritas a seguir.

– Os que aderem totalmente a esses valores materialistas. Generalizando um tanto, costumamos encontrar entre eles aqueles que não medem esforços para acumular dinheiro, nem que precisem atropelar outros valores humanos, se isso lhes parecer necessário. Fazem isso provavelmente porque acreditam que a medida de felicidade se faz pelo montante de dinheiro que conseguem juntar ou por medo de serem pobres.

– Os que rejeitam totalmente essa ideia e atribuem ao dinheiro e ao sistema econômico a maior responsabilidade pela infelicidade que enxergam no mundo. A principal crença destes é que o dinheiro corrompe e que, se alguém tem mais, é porque tirou de outros que têm menos. Para estes, a acumulação de recursos é e será sempre uma forma de exploração do homem pelo homem. É curioso que, de modo geral, estes costumam condenar o primeiro grupo, mas raramente agem com coerência inquestionável ao que dizem ser certo.

– Os que conseguem ver que o equilíbrio é fundamental, que os bens são importantes por liberarem o ser humano para viver melhor e de forma mais integrada com o planeta e que o mal não está no dinheiro e em sua acumulação, mas na forma como essa acumulação se dá – lícita ou ilicitamente – e no emprego – responsável ou não – que se faz desse dinheiro acumulado.

Os que consciente ou inconscientemente seguem as duas primeiras correntes de pensamento e ação jamais conseguiriam aceitar ou entender que um banqueiro ganhe um Prêmio Nobel por benefícios prestados à humanidade, por exemplo.

Os primeiros, porque acreditam que "dinheiro não aceita desaforo" e "desperdiçá-lo em boas ações" tão impressionantes, ao ponto de ocorrer tal reconhecimento mundial, certamente levaria à falência.

Os segundos porque jamais entenderiam como um dono de banco que ganha emprestando dinheiro a juros aos outros pode não ser explorador e causador de mais miséria.

Foi mais ou menos o que se ouviu quando Muhammad Yunus e seu banco Grameen ganharam o Prêmio Nobel da Paz, em 2006. Muhammad – formado em Bangladesh, sua terra natal, e doutor por Harvard (EUA) – simplesmente colocou como missão de seu banco promover, através da concessão de microcréditos, a erradicação da miséria.

Muhammad definiu como objetivos do Banco Grameen: prover serviços bancários aos pobres, homens e mulheres; eliminar a exploração dos pobres tradicionalmente feita por agiotas; criar novas oportunidades de autoemprego para a população desempregada do Bangladesh rural; trazer a população carente, especialmente as mulheres mais pobres, para o seio de um sistema orgânico que elas possam compreender e administrar sozinhas; reverter o antigo círculo vicioso de "baixa renda, baixa poupança, baixo investimento", injetando crédito para torná-lo um círculo virtuoso de "investimento, maior renda, maior poupança".

Até 2010, Grameen já emprestara dinheiro pequeno a mais de 6,5 milhões de pessoas (destas, 97% são mulheres). Cobra juros, é sustentável, pois tem lucro todo ano, e mostrou para o mundo que é possível fazer do dinheiro bem empregado uma alavanca para a redenção econômica de populações antes condenadas à miséria.

Como nos confidenciou uma amiga brasileira que o conhece pessoalmente: "Muhammad é banqueiro, apenas um banqueiro. Ele ganha dinheiro com dinheiro. Ao falar para plateias de empresários brasileiros, deixou-os de boca aberta e pensativos. Fala a língua dos números e sabe muito bem as dificuldades do mercado".

Dentro desse debate, uma das conclusões a que chegamos é que o dinheiro tem seu valor, mas ele não é tudo. Há muitas coisas essenciais que não podem ser compradas com dinheiro. Dinheiro pode ser um bom servo, mas sempre é um péssimo patrão.

> *"Desejo, outrossim, que você tenha dinheiro porque é preciso ser prático. E que pelo menos uma vez por ano você ponha uma porção dele na sua frente e diga: 'isto é meu'. Só para que fique claro quem é o dono de quem."*[13]

COMO NOSSOS MODELOS MENTAIS INTERFEREM EM NOSSA PROSPERIDADE

Tendo o dinheiro como um dos campos da prosperidade, é importante ressaltar que os nossos pensamentos podem facilitar ou dificultar o sucesso ou o fracasso nessa área de nossa vida.

A consultora financeira Ruth Hayden[14] afirma que "pelo menos 80% da nossa habilidade em lidar com o dinheiro dizem respeito ao autocontrole e às emoções; os 20% restantes referem-se a quantificações e cálculo. A parte da contabilidade é fácil; a parte emocional é que é difícil".

Entendendo melhor o que isso quer dizer, tomemos como exemplos algumas crenças populares que rondam o imaginário das pessoas, como: "pau que nasce torto não tem jeito: morre torto" (isto é, quem já errou na vida nunca há de se acertar); "homens não prestam" (isto é, todos querem se aproveitar de uma mulher); "tem mulher para casar e mulher para divertir" (isto é, as mulheres são objetos para meu deleite e uso); "viver é sofrer" (isto é, não importa o que aconteça, algo de ruim sempre sobrevirá); "sou inteligente e criativo" (isto é, sempre terei uma solução para os problemas que aparecerem); "filho de peixe peixinho é" (o filho de alguém que já roubou será sempre o primeiro suspeito, ou o filho de celebridade seguramente o será também... Será?).

---

[13]Trecho do poema *Os votos*, do filósofo e teatrólogo brasileiro Sérgio Jockymann.

[14]No livro *For richer, not poorer: the money book for couples*.

Assim como esses, existem outros ditados populares que acabam funcionando muito mais como agentes limitadores do que como libertadores do nosso pensamento.

Se fizermos uma retrospectiva de tudo o que vimos neste livro até aqui – juntando os conhecimentos das Teorias e Crenças Pessoais, que compõem nossos modelos mentais, condicionam nossa percepção, nossos comportamentos e nossos pensamentos – e se tomarmos como base que pensamentos e sentimentos coerentes criam a realidade, podemos concluir que grande parte da realidade que temos depende diretamente das nossas crenças e da maneira como reagimos a elas.

Sendo assim: crenças em doenças provocam pensamentos/sentimentos doentes, que geram doenças; crenças saudáveis provocam pensamentos/sentimentos saudáveis, que geram saúde; crenças limitantes provocam pensamentos/sentimentos limitantes, que geram uma realidade limitante; crenças prósperas provocam pensamentos/sentimentos prósperos, que geram uma realidade próspera; e assim por diante...

Alguma novidade? Não cremos. Até no Velho Testamento da Bíblia já se lia: *"Porque aquilo que temia me sobreveio e o que receava me aconteceu..."* (Jó 3:25).

Vamos a alguns exemplos para tornar esse conhecimento mais digerível, a começar com uma piada velha, mas sábia como poucas. Um rapaz do interior decidiu ir para São Paulo. Sua mãe, aflita com essa decisão, não se cansou de alertá-lo sobre os males da cidade grande, especialmente porque "lá tudo é caro" e "as gentes estão sempre querendo tirar vantagem de tudo e de todos". Mas o rapaz não se intimidou. Ao chegar a São Paulo, ainda sem encontrar um lugar para dormir, sentiu uma fome imensa. No primeiro restaurante que entrou, ficou abismado com o preço das coisas e, no seu jeito simples de ser, comentou com o garçom: "Ô, moço, mas as coisas estão muito caras demais, sô".

Ouvindo isso, o dono do restaurante, ele mesmo um migrante que chegou a São Paulo sem dinheiro nem para um café, se condoeu e, dirigindo-se à mesa da qual o rapaz já estava se levantando disse: "Se aquiete, meu bom rapaz. Pode pedir que seu almoço de hoje é por conta da casa". Desconfiado, mas faminto, o rapaz aceitou.

Comeu com gosto, não só pela fome que tinha, mas também pelo sabor delicioso da comida. Ao vê-lo com tão "boa boca", o proprietário ofereceu uma sobremesa e depois ainda um café. E fez mais: mandou preparar uma quentinha para que ele tivesse o que jantar. Achando que poderia ajudar ainda mais o rapaz, pensou em oferecer-lhe um emprego.

Enquanto a quentinha era preparada, ele sentou à mesa e puxou conversa querendo saber quem era, de onde vinha e o que sabia fazer. O rapaz, ainda desconfiado, respondia com monossílabos. Percebendo que a conversa ia ser difícil, o proprietário pegou seu maço de cigarros, ofereceu um para o rapaz – que aceitou – e pegou o isqueiro. O isqueiro falhou várias vezes.

Então, o gentil comerciante pediu: "Vejo que o rapaz tem uma caixa de fósforos no bolso. Poderia me emprestar?". Ficou surpreso quando o rapaz se levantou e, com cara de acusação, falou alto: "Mas bem que minha mãe me avisou que aqui todo mundo só quer tirar vantagem dos outros, mesmo". E saiu batendo a porta, pronto para voltar para sua cidade natal.

Modelo mental limitante...

Crenças limitantes...

Pensamento/sentimento limitantes...

Comportamento limitante...

Realidade limitante.

Para fazer o contraponto a esse exemplo, preferimos contar uma história verdadeira que ouvimos no intervalo de um curso de liderança que ministramos em uma fábrica de automóveis.

Sidney[15] era um menino órfão de mãe cujo pai, ensimesmado com sua tristeza, dava pouca atenção aos oito filhos. Morava em uma cidade do interior de Goiás, tendo como vizinho um engenheiro que, sabe-se lá por que, afeiçoou-se dele. Era comum esse vizinho e sua esposa levarem-no para sua chácara, onde o menino passava tardes muito agradáveis, vendo os muitos melhoramentos que o engenheiro fizera na propriedade.

Um dia, o engenheiro, percebendo seu interesse pelas máquinas, falou que ele poderia ser engenheiro, se quisesse. Sidney olhou com olhos tristes e retrucou que jamais poderia, pois era pobre, e seu destino era outro. O engenheiro então se abaixou e de modo muito sério, firme, mas carinhoso, começou falando: "Mas, se você quiser mesmo, pode ser engenheiro, médico, advogado, o que quiser". E emendou uma conversa que Sidney nunca esqueceu.

Uma conversa forte e decisiva. Aos 9 anos, Sidney fugiu para o Rio de Janeiro, levando nos bolsos apenas a caderneta escolar. Lá, trabalhou lavando carros, limpando restaurante e estudando. Já adolescente, inscreveu-se na Marinha e prestou todos os exames necessários para poder estudar e se formar engenheiro naval. Depois de oito anos de serviços prestados, deu baixa e foi ao mercado de trabalho, construindo uma carreira bonita.

Ouvindo sua história, ficamos emocionadíssimos por dois motivos: primeiro, por conhecer tão corajosa pessoa, capaz de acreditar e atrair uma realidade próspera, mesmo com toda a dificuldade inicial; segundo, ao pensar naquele engenheiro amigo, que ousou convencê-lo a trocar suas crenças limitantes (sou pobre, tenho destino pobre) por outras mais libertadoras (posso ser engenheiro, sim!). Que maravilhosa essa capacidade que todos nós temos de fazer a diferença, apenas com o uso amoroso e inspirado das palavras!

---

[15] Todos os nomes citados em relatos de casos são fictícios.

Modelo mental próspero...

Crenças prósperas...

Pensamento/sentimento prósperos...

Comportamento próspero...

Realidade próspera.

Essa história permite-nos avançar ainda mais em nosso propósito. É um exemplo gritante do que dissemos há pouco: que os modelos mentais podem ser alterados de forma consciente ou inconsciente. E o melhor de tudo: por nós mesmos! Só por nós mesmos!!!

Para alterar um modelo mental, é necessário repensar as informações, teorias pessoais e crenças pessoais que o compõem, como o engenheiro fez com o pequeno Sidney ao ajudá-lo a crer que ele poderia, sim, ser engenheiro. Se ele tivesse mantido as crenças limitantes, seu destino certamente lhe traria a esperada pobreza.

A PROSPERIDADE TOTAL

Até aqui, falamos bastante da prosperidade financeira. No entanto, não é somente ela que representa o sentido amplo da prosperidade. No dicionário, "prosperidade" tem como sinônimos "ventura" e "felicidade"; como antônimo, "decadência".

Em outras palavras, a prosperidade depende de para onde a seta da vida aponta: para a evolução e o crescimento ou para o atraso e o declínio. É muito mais um equilíbrio dinâmico de desenvolvimento do que estático. Portanto, se alguém é prospero, é porque está trilhando o caminho de sua realização através da fé na abundância do universo.

Porém, não podemos deixar de falar que existem aqueles que seguem um caminho de aparente sucesso, desconsiderando a abundância do universo. Essas pessoas possuem a tendência de acumular capital incessantemente, e muitas fazem uso ainda de uma "ética flexível" para justificar seus ganhos. Por vezes, não se incomodam em prejudicar terceiros nesse afã. Agem assim movidas por um medo profundo de perder tudo o que possuem, pois, por não terem consciência da abundância do universo, acabam não fazendo a menor ideia de que podem relaxar e viver a vida mais tranquilamente.

Pessoas como essas, que obtêm sucesso ao adquirir bens materiais (algumas conquistam muitíssimo rápido o dinheiro e o poder) não podem ser consideradas pessoas prósperas, pois estão envoltas em uma espécie de "miséria com dinheiro".

A Prosperidade Total, aquela que devemos almejar, está vinculada aos resultados obtidos pelos que conhecem e seguem as leis universais da abundância, que reconhecem o Fluxo Venturoso – que sobre todos nós sopra – e que, ao atingirem o sucesso em seus objetivos pessoais, contribuem positivamente na vida de muitas outras pessoas.

Portanto, Prosperidade Total tem a ver muito mais com a tendência de melhoria geral da vida, com um senso de realização de nosso propósito maior e com a sensação de felicidade que isso nos traz do que propriamente com o volume de recursos que temos à disposição.

Só dessa forma podemos compreender a felicidade ingênua dos bosquímanos que vivem precariamente no deserto do Kalahari e a infelicidade de muitos que igualmente pouco têm; ou ainda a felicidade ou a infelicidade de pessoas abastadas.

Sendo assim, saiba que, independentemente de sua origem (existencial, sistêmico-familiar ou espiritual), mesmo que surjam dificuldades em seu caminho, a sua prosperidade ainda assim está lá, ao seu alcance.

PROSPERIDADE E SUSTENTABILIDADE

Há ainda uma questão que se impõe discutir ao se falar de prosperidade. Ela diz respeito à sustentabilidade do planeta: será possível maior prosperidade em um Planeta em que os recursos principais – água, terra, ar – e são finitos e foram degradados nos últimos séculos?

Essa é uma das mais importantes preocupações em discussão nos dias de hoje. E entre elas, a questão do consumo excessivo por uma parte da população em detrimento de milhões de pobres e miseráveis.

Cremos que consumo irresponsável é relacionado muito mais com o medo, insegurança e necessidade de se sentir apreciado e respeitado do que ao nível de riqueza de uma pessoa. Com efeito, muito do consumo desnecessário é apenas uma resposta emocional aos conflitos internos não tocados. Deles nascem a competitividade, a arrogância, a avareza e outras formas de disfarçar a dor de se sentir fraco.

Quando pesquisamos os motivos pessoais que provocam o consumo excessivo e esbanjador, não é incomum encontrar casos de pessoas que consomem muito hoje como compensação pelas dificuldades que enfrentaram na infância; que comem muito por medo que depois a comida falte; que acumulam coisas e coisas sem utilidade para a hipótese de um dia (quem sabe???) precisar; que não compartilham o que têm com medo de ficar sem nada; que esbanjam em supérfluos como forma de se afirmar perante os outros; que mimam seus filhos como se isso os protegesse de passar as dificuldades que experimentaram na infância; que consomem coisas da moda para ser apreciado pelos outros...

Esperamos que fique bem claro que o consumo desnecessário e de ostentação em nada tem a ver com prosperidade, especialmente com a definição de Prosperidade Total como adotada neste livro.

Talvez as pessoas com maior poder aquisitivo incorram mais nesses erros que as demais pelo fato de terem mais para gastar, mas a causa não está na quantidade de dinheiro disponível. A causa é emocional: o medo de ser menos, de parecer menos, de ser excluído, de que as coisas faltem, que o Universo o esqueça...

Ao contrário, a Prosperidade Total implica em uma forma sustentável de viver, de consumir e de investir, pois que está direta e proporcionalmente relacionada à consciência do ser humano e à expansão de sua espiritualidade.

Como qualquer outro talento, recurso ou poder, a riqueza realmente próspera está em quem olha o dinheiro que tem como uma responsabilidade e não como um privilégio.

Essa é a grandeza humana que traz a prosperidade: uma grandeza construída na simplicidade, na sobriedade, na cooperação, na generosidade, na segurança emocional e no compartilhamento e se firma na certeza que o Fluxo Venturoso, que a todos toca e beneficia, continuará a fluir.

A BUSCA PELA PROSPERIDADE TOTAL

As dificuldades, ou obstáculos, que aparecem em nossa vida têm um propósito. Todas elas apontam algo a ser aprendido: quer pelo desapego de uma crença ou memória do passado, quer pelo olhar compassivo sobre um fato, quer pela conciliação e reparação dos danos provocados, quer pela inclusão de quem foi excluído.

Aparentemente, você pode pensar que tal obstáculo se interpôs em sua trilha para impedir o seu acesso à Prosperidade Total, porém, procure ver por outro ângulo: os obstáculos podem também funcionar como bússolas que estão ali para nos orientar. Requerem atenção e trabalho, mas não nos impedem de conduzir nossa vida e nosso destino com dignidade e grandeza.

Portanto, mesmo que cada um de nós passe por desafios e dificuldades maiores ou menores no acesso à Prosperidade Total, nada disso configura impedimento definitivo. Ao superá-los, abrimos caminho para o desenvolvimento mental, espiritual e material. Em outras palavras, nós moldamos o nosso destino.

Muitas vezes, mergulhadas em seus próprios problemas, as pessoas imaginam erroneamente que ser próspero implica a pobreza dos outros. Acreditar nisso seria como pensar que "para eu ter saúde, outras pessoas precisam necessariamente adoecer!".

Esse raciocínio ingênuo tem base no materialismo, sobre o qual já falamos antes. É um raciocínio ingênuo, mas perigoso; perigosíssimo, aliás. Isso porque costuma levar as pessoas a evitar a sua própria prosperidade, seja por não quererem "prejudicar" o próximo, seja por se sentirem culpadas em ter oportunidades que os outros aparentemente não têm. Ou mesmo porque isso conduz à falsa caridade.

O que é importante considerar é que a verdadeira prosperidade de uns implica necessariamente a prosperidade de muitos. Quando acessamos a prosperidade total, outras pessoas também se beneficiam do nosso sucesso. Todos ganham com isso.

Há provas cabais de casos assim, como o de comunidades muito pobres que cresceram com os novos negócios que se estabeleceram na região, com os salários, o aumento do consumo, a melhoria das escolas etc. Sempre que os novos empreendimentos seguiram princípios éticos, todos ganharam e continuam a ganhar com isso.

A poeta Marianne Willianson escreveu um dos textos mais poderosos e belos que conhecemos sobre esse fantástico poder da multiplicação do sucesso:

> "O nosso medo mais profundo não é que sejamos inadequados. O nosso medo mais profundo é que somos poderosos, mais além de toda medida. É nossa luz, não nossa escuridão, o que nos assusta. Perguntamo-nos: quem sou eu para ser brilhante, fantástico, inteligente, fabuloso? Na verdade, quem é você para não ser? Os seus papéis insignificantes não servem ao mundo para nada. Reduzir-se para que os demais não sintam insegurança em relação a você não é nenhum sinal de inteligência. E não somos só alguns; é todo mundo. Ao facilitar o brilho de nossa própria luz, permitimos a mesma glória aos demais. Quando nos liberamos do nosso medo, a nossa presença libera automaticamente os demais".

VIBRE COM O SUCESSO DOS OUTROS

Se realmente acreditamos que a Prosperidade é para todos, como afirmamos nas páginas anteriores, o primeiro desdobramento dela é o desejo verdadeiro de querer vibrar com o sucesso dos outros.

Ao ver que na vizinhança de sua casa um novo negócio foi inaugurado, não custa nada procurar o proprietário e desejar abertamente o seu sucesso. Se for uma padaria, um bazar ou mesmo uma loja comum, compre algo para incentivar as vendas. Não precisa ser nada caro, apenas um símbolo de prosperidade e abundância para o vizinho. Esse mesmo comportamento amoroso se estende para toda e qualquer iniciativa positiva que os outros empreendam.

Dentro desse contexto, vale a pena refletirmos também sobre outro exemplo. Em torneios esportivos, os atletas são estimulados a vencer, vencer ou vencer. Muitas vezes, essa obsessão chega a distorcer a educação para os valores essenciais que o esporte pode trazer aos jovens atletas em formação, incentivando comportamentos agressivos, egoístas e arrogantes.

Esse tipo de ambiente, especialmente nos clubes mais competitivos, onde percebemos que os cumprimentos entre adversários costumam ser frios e falsos, apenas disfarçando a raiva do derrotado e a soberba do vencedor, pode ser nocivo.

Quando temos a oportunidade de ver práticas coletivas que não sucumbem à agressividade, é como se víssemos uma luz no fim do túnel, um motivo para ter esperança na humanidade.

Há alguns anos, tivemos o prazer de acompanhar, em um campeonato brasileiro de ginástica olímpica mirim, André, um menino em seus 8 anos, sair do seu banco e dirigir-se ao banco do clube rival para cumprimentar efusivamente um adversário que acabara de derrotá-lo com uma série perfeita nas argolas.

A sinceridade do abraço ficou patente no sorriso e nos gestos espontâneos com que aquela criança expôs toda a sua generosidade.

Esse menino, hoje rapaz, ainda demonstra comportamentos semelhantes em sua banda de rock, nas duas universidades que frequenta, com os amigos, namorada e desconhecidos. Nesse sentido, podemos dizer que a Prosperidade será atraída por ele para sempre. Torneios passam, mas as atitudes de solidariedade podem ser eternas.

Ao acompanhar essa história, podemos afirmar que: "Prosperidade e inveja não cabem na mesma cabeça". O ato de encorajar e parabenizar amigos, parceiros, concorrentes e colegas de trabalho não só estimula a sua generosidade como traz também de volta para você tudo o que foi desejado ao outro!

Portanto, podemos concluir que a Prosperidade Total, essa que devemos buscar, em seu todo, envolve leveza, generosidade, beleza, crescimento, saúde física, mental e emocional, liberdade, facilidades, abundância, disponibilidade de tempo, alegria, compaixão, senso de equanimidade e criatividade. E o que é melhor: acessá-la é um direito de todos.

Essa é a verdadeira Alquimia Pessoal a que nos referimos neste livro.

POSFÁCIO

POR SONIA NOVINSKY
TERAPEUTA, EFT.

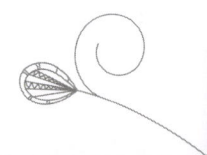

George e Vinícius me pediram que escrevesse algumas linhas, pois sou terapeuta, utilizo o EFT e tenho trabalhado diretamente com o fundador do método, Gary Craig (www.emofree.com). Gostaria de iniciar enfatizando que considero que os autores utilizam com grande propriedade este método na sua proposta de superação da autossabotagem, para que a prosperidade seja alcançada.

Aconselho com muito prazer e energia que se estude com cuidado e atenção este livro, pois realmente ele poderá ajudar os seus leitores a superar bloqueios e atingir seus sonhos.

Gostaria de complementar com alguns pontos que julgo importantes. Tenho como meu um pressuposto: as pessoas, a cada momento, fazem o melhor que podem para sua sobrevivência. Mesmo quando a nós parece que se autossabotam, na verdade esse é o melhor que podem fazer por si neste momento. É por isso que não adianta apenas o diagnóstico e o pensamento positivo. O que acaba acontecendo é a frustração e a auto culpabilização por não se conseguir atrair o que se deseja. O que é realmente necessário é o desbloqueio energético-emocional para aumentar as possibilidades de desenvolvimento e realização de cada um. Este livro tem o grande valor de reconhecer a importância de se enfrentar as crenças negativas, as emoções negativas que se retroalimentam incessantemente.

O que é importante explicitar melhor é que estas crenças e emoções negativas, a autossabotagem, não estão ali por acaso, com uma origem ignorada ou misteriosa, inexplicável. Estas crenças e emoções negativas e limitantes são o resultado de uma biografia (para não entrar em questões transgeracionais, também importantes), que demanda como defesa, como recurso último para sobrevivência, emoções e crenças negativas, que por sua vez acontecem simultaneamente a rupturas no fluxo energético do ser humano.

Nosso passado nos explica e nos limita e, se não o trabalhamos, nosso futuro se torna apenas a repetição de cenas com a mesma estrutura, ainda que com tramas e personagens diferentes. Sim, há exceções, há encontros milagrosos, impactantes que podem reverter tendências. No ser humano nenhuma teoria dá conta, porque o inesperado sempre pode acontecer.

Sob este aspecto, gostaria de enfatizar a contribuição maior do método EFT para o cancelamento das emoções e crenças negativas que seguram as pessoas em degraus aquém dos que podem escalar na direção da paz, da realização, da alegria.

O EFT é bastante poderoso e hoje usado por mais de dois milhões de pessoas em todo mundo, apesar de muito recente, pois data de 1995. Mas sua eficácia pode ser dividida em dois estágios: um estágio mais superficial onde se trabalha a defesa mais aparente: tristeza, medo, crença que algo me falta etc., sempre localizando no corpo a sensação que esta emoção/crença manifesta. Esse trabalho se realiza por meio do tapping nos meridianos, aliado à conexão com a emoção/sensação/crença a ser trabalhada. Só quando a negatividade é cancelada (e isso é sempre medido por meio de uma escala numérica) é que se abre naturalmente espaço para surgirem a esperança e os recursos pessoais.

Há um segundo estágio, que é absolutamente necessário para a não reincidência dos sintomas ou padrões indesejados, no qual se faz um trabalho de detetive para localizar os eventos específicos da vida da pessoa e cada aspecto destes eventos (podem ser dezenas) para que se possa trabalhar a origem energético-emocional das negatividades bloqueadoras ou atitudes sabotadoras. Estas são, como disse acima, o melhor que a pessoa pode fazer neste instante para sua sobrevivência, ainda que muitas vezes não sejam construtivas nem as aproximem de suas metas. Só o trabalho com eventos específicos da biografia da pessoa, que de alguma forma geraram emoções negativas e interrupções do fluxo dos meridianos, produz um resultado eficiente e duradouro. Porque só assim se elimina a origem que tornou a negatividade uma necessidade para sobreviver à ferida, à dor, ao trauma.

Como Gary, quando fundou seu método, foi muito aberto e estimulou a utilização concomitante com outros métodos, nem sempre as pessoas têm atentado para a importância de voltar aos eventos específicos e seus aspectos. E isso talvez não tenha sido suficientemente enfatizado no Manual de EFT. Mas agora, no novo Tutorial, isso é amplamente discutido e aconselhado, o que provavelmente aumentará ainda mais a eficiência do EFT na cura de traumas e no processo de desenvolvimento de novos rumos em direção à prosperidade e à paz.

Por último, gostaria de colocar o que na verdade é uma premissa do EFT. Sua eficiência depende muito do lugar em que o consultor ou terapeuta ocupa em relação a seu cliente. O trabalho que o profissional fez consigo mesmo, o estágio que alcançou em termos de desenvolvimento pessoal e espiritual são essenciais para a ajuda ao outro. Esse outro precisa poder ser percebido e sentido como não separado de si, seja ele um cuidador, um terapeuta ou consultor. Esta empatia essencial, esta comunidade humana é a base filosófica espiritual do EFT. Neste sentido o EFT é e tem sido cada vez mais visto por Gary Craig (e eu me junto a ele) como um recurso para uma existência consciente da nossa vocação amorosa como única meta real para a humanidade. Tudo o mais são ilusões passageiras, que se substituem indefinidamente sem que a paz e a serenidade sejam alcançadas.

A QUEM NOS LEU

ALQUIMIA PESSOAL

Transformar-se é mister, posto que Vida
A mais bela expressão de movimento,
É o Criador que à Mudança o ser convida,
Um constante clamor ao crescimento!
Inalterado nada se mantém,
O universo é vibração, nada é estático.
Do átomo à estrela mais brilhante
Manifesta-se a Vida, deslumbrante,
Num conjunto de reações, enigmático!
Propõe-se o ser a percorrer caminhos,
A desvendar segredos encantados,
Propõe-se à descoberta de si mesmo,
Reconhece-se às vezes embotado…
Ver-se pequeno – em alma – não o oprime,
Quando busca crescer interiormente,
Proposta que o motiva, quanto imprime
Valor à sua vida, humildemente.

Alquimia é dos magos verdadeiros,
Daqueles cuja mente vibra em tom
De transformar em ouro o que ninguém
Conseguiria por faltar-lhe o dom!
Uma Alquimia a todos é possível,
A mais difícil, que tem mais valor:
A Pessoal, vencendo-se a si mesmo,
Para ser mais, ser muito mais AMOR!

Esta obra foi composta com tipografia Myriard Pro, corpo 11 e entrelinha 15 pontos.
Foi impressa em papel Offset 120g, pela Intergraf Indústria Gráfica Eireli, para a Editora DSOP.